노벨 평화상 후보 추천, 대한민국 국민을 기록하다!

-12.3 계엄 이후부터 탄핵까지-

어떤, 광장

꼴찌PD가 기록한 광장을 지킨 사람들

열심히 일하는 데 겸손하다

꼴찌PD가 담은 빛의 혁명의 기록

우성하 형제는 스스로 꼴찌PD를 자임합니다. 그는 부지런합니다. DMZ평화생명동산의 초봄 산수유꽃을 기록하는가 하면, 5월에는 얕은 풀 속을 거니는 구렁이를 찾습니다. DMZ평화생명동산에 오신 분들이 일하고 공부하는 모습을 담으며, DMZ평화생명통일 천제와 서화 주민 대동제를 취재합니다. 강원도 인제군 민북지역과 접경 지역에서 일어난 뭇 생명의 역사를 기록하는 뜻이 장합니다.

그런 꼴찌PD 우성하 형제가 '빛의 혁명' 광장 구석구석을 취재, 기록하고 스스로 '빛의 혁명 구성원'이 되어, 그것이 드디어 한 권의 책이 되었습니다. 우성하 형제가 사회적 소통 연결망(SNS)에 올린 기록을 보고 '당진의 작은 출판사' 공출판사의 공가희 대표가 책을 만들자고 했다고 합니다.

요새, 특히 21세기에 들어오면서 얼마나 책이 안 팔립니까?

한국의 어른들은 1년에 책을 한 권도 읽지 않는 사람이

60%라고 합니다. 인공지능(AI)이 마치 점령군처럼 우리 삶 속으로 밀려들고 있습니다. 그러나 그 흐름을 막기보다는 인간다운 품성과 사람의 향기, 인문학적 깊이로 길들이고 활용해야 할 것입니다. 요즘 사람들은 문해력을 말하지만, 그 힘은 결국 책을 가까이하는 데서 비롯된다고 저는 믿습니다.

우리의 미래인 아이들의 문해력, 체력이 약하다고 걱정이 남산만 한데 사실 해법은 간단합니다. 문해력 운운하는 학원을 기웃거릴 것이 아니고, 어머니, 아버지들이 책과 종이신문을 가까이하면 됩니다. 건강한 밥상을 차리고, 가족 해외여행보다는 텃밭 농사하고 집에서, 학교에서 잘 뛰어놀면 됩니다.

대한민국 국민이 노벨평화상 후보로 추천되었습니다.

2024-2025 빛의 혁명이 평화의 상징으로 인류 형제자매에게 다가간 것입니다. 꼴찌PD 우성하 형제와 당진의 문화 일꾼 공출판사가 합작한 '빛의 혁명 기록'이 아무쪼록 널리 퍼져나가기를 소망합니다. 그래서 인간사회 민주주의가 생명사회 민주주의로 익어가고, 민주시민이 천지인민(天地人民)으로 크게 자라나는 좋은 빛의 혁명이 되기를 축원합니다.

정성헌 (한국DMZ평화생명동산 이사장)

이름 없는 자들의 기록, 그 찬란한 증언

2024년 12월 7일, 우성하PD 겸 작가는 카메라를 들고 광화문 광장으로 나섰다. 비상계엄이라는 전례 없는 충격이 대한민국을 뒤흔든 직후, 시민들은 다시 이 나라의 심장부로 몰려들었다. 그 현장의 한복판에서 그는, 주류 언론의 카메라가 향하지 않는 쪽으로 렌즈를 돌렸다. 유명 정치인의 연설대도, 유력 대선 후보의 퍼포먼스도 아닌, 이름 모를 춤꾼의 발끝과, 길바닥에 주저앉아 시를 읽는 낯선 시인의 입술과, 캔버스 없이 아스팔트 위에 그림을 그리는 화가의 손끝을 향해. 발로 뛰고, 눈으로 담고, 가슴으로 기록한 결실이 바로 『어떤, 광장』이다.

이 책은 단순한 현장 기록물이 아니다. 하나의 선언이다. 역사는 유명인의 연설로만 쓰이지 않는다는 선언, 광장을 지킨 진짜 주인공은 카메라 앞에 선 스타가 아니라 카메라 뒤에, 혹은 카메라가 닿지 않는 구석에 조용히 서 있던 사람들이라는 선언. 우성하 작가는 바로 그 구석을 향해 걸어갔다.

레거시 미디어가 담지 못하는 현장의 구석구석을 누비며, 나만의 방식으로 광장을 스케치하겠다고 마음먹었다는 그의 고백은, 단순한 작업 방식의 설명이 아니라 한 기록자의 세계관을 압축한 문장이다.

이 지점에서 우리는 故 백기완 선생의 목소리를 떠올리지 않을 수 없다. 평생을 민중의 곁에서, 민중의 언어로, 민중의 예술을 설파했던 그 불쌈꾼의 외침. 선생은 생전에 이렇게 말했다.

"혁명이 늪에 빠지면 예술이 앞장서야 한다."

2024년 12월, 대한민국의 민주주의가 다시 한번 위기의 늪 앞에 섰을 때, 광화문 광장으로 달려간 이들 중에는 정치인만 있지 않았다. 춤꾼이 있었고, 가수가 있었고, 시인이 있었고, 화가가 있었다. 그들은 백기완 선생의 말을 몸으로 실천하고 있었던 것이다. 우성하 작가는 바로 그 실천의 현장을 카메라에 담았다.

『어떤, 광장』이 특별한 것은 작가의 시선이 철저히 '아래'를 향하고 있다는 데 있다. 보통의 보도 사진은 무대 위를 찍는다. 마이크를 잡은 자, 조명을 받는 자, 이름이 자막으로 뜨는 자를 찍는다. 우성하의 카메라는 반대 방향으로 향한다.

무대 아래, 조명 밖, 자막도 없이 제 몸으로 노래하고 춤추고 그림 그리는 사람들을 향해. 동영상과 스틸 사진을 오가며 기록을 남겼던 그의 방식은, 단 하나의 결정적 순간을 포착하는 전통적인 다큐멘터리 사진의 문법을 넘어선다. 그는 흐름을 담으려 했다. 광장이 살아 숨 쉬는 리듬, 시민들이 서로를 향해 내뻗는 손길, 추위 속에서도 노래를 멈추지 않는 가수의 입김 한 줄기까지.

백기완 선생의 이야기에는 역사적 진실과 예술적 힘이 있다. 파격과 민중의 저항이 있어 매번 감동하게 된다. 이는 선생의 저작을 평한 말이지만, 그대로 우성하 작가의 『어떤, 광장』에도 적용된다. 이 책에 담긴 사진들과 문장들은, 정제된 미학의 언어가 아니라 현장의 체온이 그대로 밴 살아있는 기록이다. 길바닥에서 고생했던 춤꾼의 땀, 목이 쉬도록 노래한 가수의 눈물, 찬 바닥에 무릎 꿇고 시를 낭독한 시인의 떨리는 목소리. 이것들은 어떤 화려한 공연장에서도 재현될 수 없는 것들이다. 광장이라는 공간이, 극한의 긴장이라는 상황이, 이름 없음이라는 조건이 만들어낸 예술이기 때문이다.

우성하 작가의 첫 책이 노벨평화상 후보에 추천된 대한민국 시민들에게 바치는 '헌정곡'이라고 불리는 것은 매우 적

확한 표현이다. 찬양곡이란 위대한 업적을 이룬 이들에 대한 헌정이다. 이 헌정곡의 수신자가 대통령도, 장군도, 영웅도 아닌 '시민들'이라는 사실이 이 책의 핵심을 말해준다. 더 정확히는, 이름 없는 시민들. 카메라 앞에 나서지 않고 광장을 지킨 사람들. 추위에 손을 불어가며 무대를 만들고, 음향 장비를 나르고, 바닥에 쓰레기를 줍고, 서로 모르는 옆 사람에게 핫초코를 건네던 사람들.

백기완 선생은 평생 그런 사람들 곁에 있었다. 기륭전자 옥상의 노동자 곁에서 눈물짓고, 한진중공업 앞 새벽 도로에서 지친 몸으로 앉아 있고, 광화문 촛불 집회에서 여든이 넘은 나이에도 무대 위가 아닌 시민들 사이에 섰던 그. 비가 와도 눈이 내려도 백기완은 광장과 거리에 서길 주저하지 않았다. 그 모습이 우성하 작가가 카메라로 담은 이름 없는 예술가들의 모습과 얼마나 닮아 있는가. 광장은 언제나 그런 사람들이 지켜왔다. 한 번도 역사 교과서에 이름이 오른 적 없고, 한 번도 메인 뉴스의 첫 꼭지를 장식한 적 없는 사람들이.

우성하 작가가 이 책에서 보여주는 것은 단순한 사진집이나 에세이의 경계를 넘어선다. 그것은 일종의 대항 서사다. 레거시 미디어가 구성하는 광장의 이미지, 영웅적인 연설, 드라

마틱한 대결, 유명인의 발언에 맞서, 그 이미지가 삭제하고 지워버린 것들을 복원하는 작업. 길바닥에서 춤을 춘 무용수, 마이크도 없이 노래한 가수, 천 원짜리 캔커피를 손에 쥐고 시를 낭독한 시인. 이들이야말로 광장의 진짜 문법을 만든 이들이다. 우성하는 그 문법을 기록했다.

사진이라는 매체의 특성상, 렌즈는 선택을 강제한다. 무엇을 찍느냐는 곧 무엇을 중요하게 여기느냐의 문제다. 우성하 작가의 선택은 일관되고 명확하다. 그는 권력 대신 사람을 찍었다. 무대 대신 거리를 찍었다. 스포트라이트 대신 어둠 속의 얼굴을 찍었다. 이 선택 하나하나가 이 책의 철학을 이룬다. 그리고 그 철학은, 백기완 선생이 평생 몸으로 실천한 것과 같은 곳을 향하고 있다. 민중이 역사의 주체라는 것. 이름 없는 자들이 세상을 바꾼다는 것.

『어떤, 광장』은 그래서 단순한 책이 아니다. 이 책은 우성하라는 기록자의 탄생을 알리는 선언문이면서, 동시에 2024년 겨울 광화문을 채웠던 수십만 명의 이름 없는 사람들에 대한 가장 충실한 증언이다. 훗날 누군가 그 시절의 광장을 이해하고 싶다면, 정치인의 회고록이나 신문의 사설보다 이 책을 먼저 펼쳐야 할 것이다. 춤꾼의 발끝에서, 가수의 입김에서, 화가의 손끝에서 역사가 만들어졌다는 사실을, 이 책은 가장 정직하게 말하고 있기 때문이다.

백기완 선생은 또 이런 말을 남겼다. 거리에서 살아서 팔딱팔딱 뛰는 언어로 쓰인 이야기만이 책상 앞에 앉아 글로 배운 깨달음이 아니라, 온몸으로 구르고 깨지며 얻은 민중의 진리를 담을 수 있다고. 우성하의 카메라는 바로 그 팔딱팔딱 뛰는 언어였다. 광화문 광장의 구석구석을 누비며, 넘어질 듯 달리며, 온몸으로 현장을 통과했던 한 기록자의 렌즈. 그 렌즈 속에 담긴 얼굴들이 바로 이 시대의 진실이다.

『어떤, 광장』은 그 진실의 이름이다.

고경일 (풍자화가/ 서울민예총 이사장/ 상명대학교 교수)

사람에서 사회로

어느 순간 방송사에서 보이지 않더니, 어디서 뭐 하나 했더니 거리를 누비고 다녔구나!

20여 년 전이던가? 〈SBS 스페셜〉이라는 다큐멘터리 프로그램을 우PD와 같이 제작할 때인데, 방송 주제를 찾지 못하고 있었다. 신년 첫 방송이라 회사에서도 뭘 다룰지 관심이 많아 압박을 당하던 차였다. 우PD가 대뜸, 다들 1등 하려고 난리인데, 세상의 꼴찌들 얘기를 새해 첫 방송으로 해보면 어떠냐는 제안을 했다. 이 얘기가 먹힐까? 다들 긴가민가 하는데, 자기도 꼴찌를 했다고 우PD가 그 큰 눈으로 유난히 진지하게 고백하면서, 이 아이템은 〈마지막 주자들의 행복〉이라는 타이틀로 방송을 타게 된다. 하도 오래되어 방송에서 무슨 얘기를 했는지 기억조차 가물가물하지만, 광주의 어느 고등학교 반에서 1등 했던 친구와 꼴찌였던 친구가 불혹을 맞아 20여 년 만에 동창회 자리에서 다시 만난 현장을 취재한 게 생각이 난다. 행복은 성적 순이었을까?

우PD와는 〈순간포착 세상의 이런 일이〉를 제작하면서 처음 만났다. 유난히 사람에 대한 애정이 깊어서 취재원과 관계를 잘 유지하고, 취재에 다 응해놓고는 막판에 방송 출연을 거부하거나 망설이는 제보자들을 잘 설득하기로 유명했다. 한번은 어떤 개의 죽음을 취재하러 간다고 해서 다들 주인과 개의 이야기가 애잔하게 나오겠구나 했는데, 같이 기르던 개가 죽은 개를 그리워하는 내용으로, 개들의 입장에서 취재를 해와서 다들 놀라게 하기도 했다.

혹독한 엄동설한에도, 땀이 비 오듯 하는 뙤약볕에서도, 카메라를 들고 있으면 그는 행복하단다. 사람에 대한 애정을 넘어 사회에 대한, 민주주의에 대한 우PD의 애정이 이 책에 오롯이 담겨있다. 과연 스스로 선택한 마지막 주자다웁다.

김종일 (前 SBS PD / StoryForest 대표 / 인하대 겸임교수)

기록이 문장이 되어 우리 곁에 왔다

이 책은 단순한 기록을 넘어 내란의 소용돌이 속에서 사라질 뻔한 목소리들을 다시 불러내고 거리 위에서 서로를 확인했던 눈빛들과 계엄의 어둠 속에서도 꺼지지 않았던 민주를 향한 시민들의 뜻이 같이 숨 쉬고 있다.

카메라는 때론 총칼보다 더 강하다고 말한다. 우리들은 시대의 아픔과 진실을 기록하는 감독님의 역할에 고마워해야 한다.

계엄. 탄핵. 구속. 구속취소. 석방 그리고 파면….

정권교체까지.

계엄 이전에 퇴진 운동이 있었다.

내란을 통과하면서 가장 좌절했던 때는 언제일까?

구속취소와 석방의 순간, 우리가 놓치고 있었던 것은 무엇인가를 곱씹으며 그날은 철저히 무너졌다. 그즈음 있었던 '예술 행동'의 날이 내게는 아직도 분노와 상처로 가슴에 새겨져 있다. 국악 장단에 맞춰진 「임을 위한 행진곡」이 흐르고 바람의 춤꾼 이삼헌의 비장한 눈빛과 춤사위는 광주의 시민군들을 떠올리게 했고 그다음으로 나는 그 울분을 참으며 노래를 겨우 이어 나갔다.

자정 즈음에 걸어보았던 광화문과 경복궁의 밤은 고즈넉이 아름다웠고, 헌법재판소가 있는 안국역 앞에는 파면 선고를 기다리는 시민들이 긴 밤을 지새우고 있었다. 노래가 있었고, 몸짓이 있었고, 침묵을 거부한 행동이 있었고, 그리고 무엇보다 서로를 지켜낸 사람들이 있었다.

꼴찌PD가 기록한 영상과 문장은 내란의 시대를 건너온 민주주의에 대한 증언이며, 동시에 미래를 향한 질문이다. 기록되지 않았다면 사라졌을 우리 안에 떨림들이 아직도 우리의 염원 속에 미세하게 흔들리고 있다.

파면 선고 이후 정권교체라는 변화를 이루었지만 그 성과에 머무르지 않고 우리 사회가 앞으로 어떤 방향으로 나아가야 하는지에 대한 질문이 남아 있다.

내란의 광장에서 나왔던 다양한 삶의 목소리들을 우리는 기억해야만 한다. 오늘도 우리가 열린 광장에서 최선의 꿈을 꿀 수 있도록….

누군가는 그날을 견디며 촬영했고, 누군가는 견디지 못

해서 더 오래 바라봤다. 그리고 우리는 이 시대를 통과하는 중이다.

빛은 사라지지 않는다. 다만 다른 얼굴로 돌아온다고.

"파면이 끝은 아닐 것입니다."

-'희망은 힘이 쎄다' 버스킹 중에서

손현숙 (「청계천 8가」 민중가수)

꼴찌PD의 카메라로 본 세상

고등학교 1학년 때, 반에서 꼴찌를 한 적이 있다. 머리가 나빠서가 아니라, 장난꾸러기 친구들과 누가 더 '폼나게' 꼴찌를 할 수 있나 내기를 했다. 시험지를 받자마자 이름만 쓱 쓰고, 답안은 대충 찍은 뒤 교실을 박차고 나오는 게 마치 영화 속 탈출신 같았다. 그땐 멋있는 줄 알았다.

절대 자랑이 아니다.

공부도 타이밍이 있다는데, 나는 학창 시절엔 공부와 거리가 멀었다. 대신 방송국 교양 프로그램 PD가 되고 나서야 뒤늦게 책을 붙들기 시작했다. 늦긴 했지만, 서울대 졸업생보다 훨씬 다양한 인생공부를 한 셈이다.

FD로 시작해 당시 SBS 〈일요특집 출발! 모닝와이드〉 코너 연출을 맡았고, 2002년엔 〈순간포착 세상에 이런 일이〉 코너를 연출하며 카메라 들고 하루 종일 뛰어다녔다. 발바닥에서 냄새가 날 정도로.

어느 날, SBS 선배 PD가 내게 말했다.

"어깨에 날개가 달린 것 같다."

그 한마디가 얼마나 큰 힘이 됐는지 모른다.

학창 시절엔 상이란 걸 구경도 못 해본 내가, 세상을 떠난 주인의 자리를 묵묵히 지킨 진돗개 이야기로 우수작품상까지 받았으니, 인생 참 알 수 없는 일이다.

고등학교 1학년 때의 '꼴찌'는 결국 성적표에 찍힌 숫자일 뿐, 세상이 매기는 진짜 등수는 아니었다. 그 꼴찌의 경험은 내 인생의 좌우명을 만들어줬다.

'느린 건 창피한 게 아니야! 포기하는 게 창피한 일이지.'

세상의 모든 '꼴찌'들에게 전하고 싶은 말이 있다. 포기하지 않으면, 꼴찌도 책을 내는 믿기 힘든 일이 일어날 수 있다는 것이다. 이 자리를 빌려 공출판사 공가희 대표에게 진심으로 감사의 마음을 전한다.

2024년 12월 7일부터 나는 광화문 광장을 기록하기 시작했다. 레거시 미디어가 담지 못하는 현장의 구석구석을 누비며, 나만의 방식으로 광장을 스케치하겠다고 마음먹었다. 그 과정에서 수많은 사람을 만나고, 그들의 모습을 카메라에 담았다.

그들이 광장을 지킨 이유는 무엇이었을까?

그리고 광장에서 시민들을 위로한 예술인들의 마음은 무엇이었을까?

이 책은, 카메라를 통해 바라본 '광장의 파수꾼들'에 대한 기록이다.

차례

12월 3일, 계엄령이라니!

2024년 12월 3일 밤 10시 30분경, 유튜브 실시간 라이브에서 느닷없이 '계엄령 선포' 영상을 보게 됐다. 처음엔 딥페이크인 줄 알았다. 그런데 TV를 켜보니, 진짜였다. 현실이었다. 어이가 없었다. 그때는 '명태균 게이트'로 전국이 들썩이던 중이었고, 녹취 파일 공개로 정국이 요동치고 있었다. 순간, 머릿속에 스치는 생각들―뭔가를 덮으려는 건가? 정말 계엄령이라고?―말도 안 되는 상황 앞에서 별의별 생각이 다 들었다.

열 살 막둥이는 옆에서 물었다.

"아빠, 계엄령이 뭐야?"

학창 시절 내내 꼴찌였던 내가, 계엄을 초등학생에게 알기 쉽게 설명한다는 건 쉽지 않은 일이었다.

"전쟁 상황이나 국가 재난 사태 때, 국가와 국민을 안전하게 만들려고 선포하는 게 계엄령이야. 그런데 지금은 그런 사태가 아니야."

마음이 여린 막둥이는 금세 겁을 먹었다. 말보다 따뜻한 포옹으로 우선 안심시켜 주었다. 곧바로 첫째 딸에게 전화를 걸었다. 친구들과 동네에서 술을 마시고 있다기에, 서둘러 집으로 들어오라고 했다. 처음엔 어이없다는 듯 웃던 딸도, 상황이 심상치 않다는 걸 느꼈는지 곧장 귀가했다.

뉴스보다 빠른 온라인 미디어는 국회의사당 앞에서 현장 분위기를 전하며, 하나둘 도착하는 의원들의 모습을 따라가며 국회 상황을 실시간으로 중계하고 있었다.

나도 고프로를 챙겨 국회로 달려가고 싶었지만 몇 시간 뒤면 강원도 양구로 출발해야 하는 일정이 잡혀 있었다. 이러지도 저러지도 못하는 마음속에 남은 무거운 감정. 이 순간이 못마땅했지만, 그것은 분명한 결심의 시작이었다.

'뭐라도 해야 한다.'

조급함과 묵직한 부채감이 결국 나를 광장으로, 기록의 현장으로 이끌었다.

집회 현장인가? 콘서트 현장인가?

2024년 12월 7일, 토요일. 주말 오후.

토요일 점심은 늘 막내딸과 동네 분식집에서 떡볶이와 김밥 한 줄을 나눠 먹는다. 작은 식탁에 마주 앉아 보내는 이 시간이, 내겐 소소한 행복이다. 하지만 그날만큼은 함께할 수 없었다. 강원도 출장을 마치고 돌아오자마자 머릿속은 온통 '뭐라도 해야겠다'라는 생각뿐이었다. 이대로 가만히 있을 수 없다는 조급함에 카메라부터 챙겨 들었다. 그리고 곧장 여의도로 향했다.

여의도 공원은 이미 사람들로 가득 차 있었다. 가장 먼저 눈에 들어온 건 '국민이 이긴다'라는 깃발이었다. 수많은 시민이 집회에 집결해 있었고, '내란죄 윤석열 탄핵'이라고 적힌 손팻말을 흔들며

"윤석열은 즉각 퇴진하라!"

"윤석열을 즉각 체포하라!"

거센 구호가 울려 퍼지고 있었다.

　'대한민국은 민주공화국이다'로 시작하는 집회 민중가요가 흐르자, 곳곳에서 파도타기가 이어졌고, 국회의사당 정문 근처, 집회의 메인 무대 앞은 몸을 움직이기조차 어려울 만큼 인파로 가득했다.

　경찰과 시민 간 큰 충돌 없이, 시민들의 요청에 따라 국회의사당 정문 앞 공간이 집회 장소로 확보되자 더 많은 인파가 물밀듯 몰려들었다.

　넝마주의 1인 미디어로서 레거시 미디어가 포착하지 못하는 장면을 찾고 싶었기에 한곳에 머물 수는 없었다. 나는 발길을 돌려 구석구석을 누비며 현장을 스케치했다. 여의도 공원 쪽으로 돌아왔을 때는 도로가 사람들로 빼곡히 메워져 있었고, 그 순간 분노로 달아오른 민심의 열기를 온몸으로 느낄 수 있었다.

집회 현장에서 흘러나오는 음악이 유독 눈길을 끌기 시작했다. 시민들의 흥을 북돋우는 다양한 소리 가운데, 이날은 특히 인상적인 타악기 연주단이 있었다. 탬버린과 작은북처럼 생긴 악기로 남미 어느 도시 광장에서 들릴 법한 펑크리듬을 연주하고 있었고, 낯선 멜로디였지만 누구라도 어깨를 들썩이게 할 만큼 흥겨웠다. 시민들은 저마다 박수로 장단을 맞췄고, 그 장면은 저항의 현장이라기보다 축제에 가까운 모습이었다. 훗날 집회 본무대에도 올라 큰 호응을 받은 이들은 '호레이(Hooray)'라는 이름의 브라질리언 퍼커션 앙상블이었다. 이들과 비슷한 결을 지닌 타악 연주단 '캄캄'도 있다. 그 외에도 광장 곳곳에서는 촛불풍물패를 비롯해 다양한 흥겨운 소리들이 사람들의 마음을 흔들고 있었다.

오후 5시 30분경, 삼삼오오 모인 사람들이 무언가를 바라보고 있었다. 궁금한 마음에 다가가 보니, 모두 유튜브 라이브를 통해 국회 상황을 지켜보고 있었다. 거리 한복판은 물론, 근처 카페 안에서도 휴대폰을 손에 쥐고 뉴스를 시청하는 시민들이 눈에 띄었고, 탄핵 표결이 정상적으로 진행될지를 걱정하는 얼굴엔 긴장감이 역력했다. 이날은 김건희 특검법 표결도 예정돼 있었지만, 국민의힘 의원들은 끝내 투표에

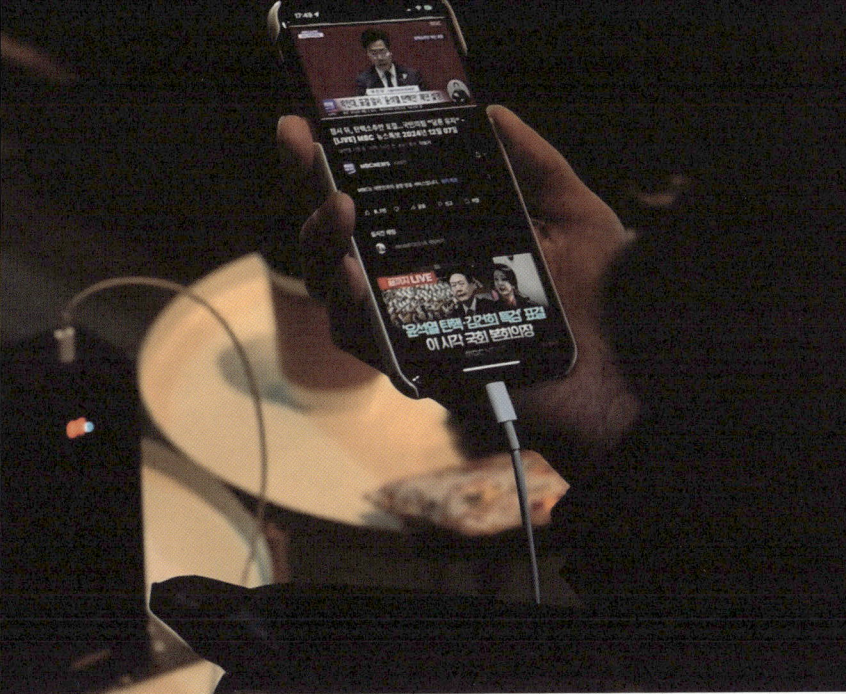

참여하지 않았다.

탄핵소추안 표결에 아예 참여조차 하지 않은 국민의힘 의
원들의 무책임한 행태에 분노한 시민들의 목소리가 카메라에
생생히 담겼다. 그 말들 속에는 배신감과 좌절, 분노가 진하
게 배어 있었다.

여의도 현장에는 서서히 긴장감이 감돌기 시작했다. 더불
어민주당 박찬대 원내대표는 국민의힘 의원들에게 표결 참

여를 촉구하며 국회 본회의장에서 의원들의 이름을 힘주어 한 명씩 호명했다. 시민들은 분노에 찬 목소리로 구호를 외쳤다.

　"내란 동조범! 국민의힘은 해체하라!"

　"내란수괴 탄핵하라!"

　"윤석열을 탄핵하라!"

　"탄핵소추안 가결하라!"

광장의 공기는 분노와 결의로 뜨겁게 달아올랐다.

　　오후 6시 30분경, 어둑해지기 시작하자 국회의사당 앞
대로는 형형색색의 불빛으로 반짝이기 시작했다. 그때만 해
도 나는 '응원봉'이 뭔지 몰랐다. LED 촛불은 몇 번 본 적 있
었지만, 젊은이들 손에 들린 LED 색등은 그저 예쁘다고만 생
각했다. 그런데 광장 한복판에서 K-POP 음악이 흘러나오자
현장은 순식간에 콘서트장으로 바뀌었다. 본능적으로 준비

해 간 모노포드에 카메라를 장착해 삼단으로 길게 뽑아 올렸다. 그리고 대로를 가득 메운 시민들의 모습을 마치 하늘에서 내려다보듯 부감샷으로 담았다.

"탄핵! 탄핵! 탄핵!"

편집하며 구호를 하나하나 세어보니, 시민들의 외침은 30회를 훌쩍 넘기고 있었다. 현장에서는 흥분과 전율이 뒤섞인 채로 들려왔지만, 영상을 반복 재생하며 그 소리를 다시 듣는 순간 소름이 돋고, 심지어 두려움까지 느껴졌다. 그것은 단순한 정치적 구호가 아니었다. 오랫동안 쌓이고 눌렸던 민심이 더는 참을 수 없어 터져 나온 절규였다.

「임을 위한 행진곡」이 흐르기 시작했을 때, 문득 뒤쪽 사람들의 표정이 궁금해졌다. 나는 카메라를 단 모노포드를 천천히 뒤로 돌렸다. 그 순간, 앳된 목소리가 마이크에 스쳤다. 크지 않은 목소리였지만, 한 글자 한 글자 또렷하게 따라 부르는 그 소리는 마치 오래전 광장을 울리던 민중가요를 처음 접한 누군가의 조심스러운 떨림처럼 들렸다. 낯선 노래를 자연스럽게 따라 부르던 그 목소리는, 예상치 못한 울림으로 내 마음을 울컥하게 만들었다.

오후 6시 50분경, 광장에서 갑자기 함성이 터졌다. 국민의힘 김상욱 의원이 표결을 위해 국회로 돌아온 것이다. 시민들은 그가 어떤 표를 던질지와는 상관없이 환호하며 "김상욱! 김상욱!"을 연호하기 시작했다. 마침 민중가요 「광야에서」가 울려 퍼졌고, '찢기는 가슴 안고 사라졌던, 이 땅에 피울음 있다' 첫 소절이 흐를 때, 무대 위 대형 전광판에는 '민주, 김상욱 의원 입장에 박수 보내'라는 자막이 떠올랐다. 환호는 멈추지 않았고, '해 뜨는 동해에서 해 지는 서해까지'이 대목에선 떼창이 시작됐다. 내 손에 들린 카메라도 함께 흔들리기 시작했고, '우리 어찌 가난하리오, 우리 어찌 주저하리오' 이 구절이 흐를 땐, 결국 눈물이 찔끔 흘렀다. 참아온 감정이 터져 나온 순간이었다.

오후 6시 56분경, 소녀시대의 「다시 만난 세계」와 지드래곤의 「삐딱하게」가 연이어 흘러나오고, 찬란한 LED 응원봉들이 춤을 추듯 흔들렸다. 남녀노소 할 것 없이 들썩이며 광장은 완전히 축제의 장으로 변했다. 그 순간, 마음 한켠이 혼란스러웠다.

아니, 지금…… 탄핵소추안이 부결됐다는데.

뭐가 이렇게 신나는 거지?

뭐가 신난 거야? 도대체!

20241207 현장스케치

탄핵 가결의 순간!

12월 14일, 주말 또다시 광화문으로 향했다.

지난 12월 7일, 탄핵안이 부결된 것 때문일까. 여의도로 향하는 버스는 이미 만석이었다. 승객들로 꽉 찬 버스 안에서 나는 고프로를 꺼내 들어 창밖으로 트래킹 샷을 촬영했다. 언론에서는 전혀 다루지 않았지만, 이날은 버스에 타지 못하고 여의도까지 걸어간 시민들이 정말 많았다.

여의도에 도착하자마자 위트 넘치는 문구가 눈에 들어왔다. 한 시민이 두유 음료를 무료로 나눠주고 있었고, 그 두유에 붙은 이름표를 보는 순간 피식 웃음이 터졌다.

'윤석열 그만 두유' 그만두라는 메시지가 이렇게 부드럽고 유쾌할 수도 있다니, 참 절묘한 센스였다. 해학과 풍자가 넘치는 이 현장을 마주하며 나는 다시 생각했다. 한국 시민들의 감각은 언제나 날카로우면서도 유쾌하다는 것을.

여의도 광장은 간절한 마음을 담아 탄핵을 기다리고 있었다. '이화여대 풍물패 연합'이라는 글씨가 적힌 깃발이 바람

을 가르며 펄럭이고 깃발 아래에서는 여대생들이 소고를 치며 뛰고 있었다. 그 모습은 놀라울 만큼 경쾌했고, 생기가 넘쳤다. 북소리와 함성이 공기를 흔들었다. 깃발은 하늘 위에서 쉼 없이 흔들리며, 무언가를 끝내 포기하지 않겠다는 마음처럼 보였다.

그날, 여의도 일대는 형형색색의 깃발로 가득했다.

각자의 생각과 목소리를 가진 다양한 사람들이 모여 그들이 함께 만든 풍경은 하나의 거대한 물결 같았다. 그 속에서 단박에 눈에 들어온 깃발이 있었다. '국민이 주인이다'라는 문구가 적힌 대형 깃발이었다. 단순한 문장이었지만, 바람을 타며 힘 있게 펄럭이는 그 한 줄은 놀라울 만큼 단단했다.

나는 그 깃발을 본 적이 있다. 2019년 서초동 거리에서. 그리고 5년이 지난 지금, 여의도에서 다시 마주하게 되었다. 공교롭게도 그 깃발은 태극기 아래에서 펄럭이고 있었다. '국민이 주인이다'라는 문장이 태극기의 상징성과 겹쳐질 때, 그 장면은 마치 오래된 약속처럼 다가왔다. 잊혀지지 않았다는 것, 그리고 여전히 유효하다는 것.

태극기를 중심에 두고 천천히 카메라 줌을 아웃했다. 프레임 안에는 깃발과 사람들, 그리고 그들이 만든 거대한 숨

결이 함께 있었다.

그 순간, 생각했다.

우리가 무엇을 잃고, 또 무엇을 지켜야 하는지.

깃발은 바람 속에서 여전히 펄럭이고 있었다. 마치 그 답
을 알고 있다는 듯이.

지난주보다 더 많은 깃발이 바람에 펄럭이고 있었다. 그저 숫자가 늘어난 것이 아니라, 문구 하나하나가 더 다채롭고 흥미로웠다.

깃발만 늘어난 것은 아니었다. 시민들에게 무료로 간식을 나누어주는 푸드트럭도 곳곳에 더 많아졌다. 그중에서도 유난히 눈길을 끈 건 '탄핵 어묵', '구속 어묵', '심판 어묵'이라 적힌 간판들이었다. 어묵 국물의 뜨거운 김 사이로 사람들의 웃음이 번지고, 그 웃음이 다시 다른 사람에게 옮겨갔다.

이미 여러 언론을 통해 알려졌듯, 유명인들이 미리 계산해 둔 커피숍 앞에는 긴 줄이 이어졌다. 커피 한 잔을 손에 쥔 시민들의 얼굴엔 피곤함보다 미소가 더 많았다. 이곳은 단순한 저항의 현장을 넘어, '함께 있음'의 공간이었다.

나눔과 연대, 그리고 웃음이 자연스럽게 흐르는, 서로의 온기가 바람에 섞여 깃발처럼 흔들리는, 그런 순간이었다.

"윤. 석. 열. 을. 탄. 핵. 하. 라!"

집회 사회자가 구호를 하나씩 또렷하게 외치자, 시민들이 따라 외쳤다.

12월 중순, 날씨는 추웠지만 현장의 열기는 뜨거웠다.

'대한민국은 민주공화국이다!'라는 익숙한 집회 음악이

하체 운동하는
날인데
시위 운동을
하게 만드네!

어~국민이 이겨

故윤석열

명복을 비비빅

흘러나오고, 곧이어 「임을 위한 행진곡」이 이어졌다. 앉아 있던 시민들이 거의 동시에 주먹을 높이 들어 올렸다. 구호와 노래는 멈추지 않았다. 박자에 맞춰 오르내리는 팔들은 하나의 물결처럼 이어졌고, 모두가 같은 리듬 위에서 움직이고 있었다.

나갈 때가 됐는데!

윤. 석. 열. 탄핵!

이 구호의 운율은 완벽했다.

한 번 들으면 저절로 따라 하게 될 만큼 박자가 절묘했다. 이어서 손담비의 '토요일 밤에~'가 흘렀고, 시민들은 곧바로 "윤.석.열 탄핵!"으로 받아쳤다. 놀라운 박자 놀이였다. 탄핵 표결 발표 직전 음악이 중단되고 국회 현장 생중계가 시작됐다. 시민들은 숨을 죽인 채 전광판을 바라봤다. 정적이 흘렀고, 우원식 국회의장이 투표 결과를 발표했다.

"가 204표."

그 순간, 여의도 일대가 함성으로 터졌다. 카메라를 들고 있던 내 손이 떨렸고, 나 또한 소리를 질렀다. 탄핵 가결의 순간, 현장에 모인 시민들은 부둥켜안기도 했고, 환호성을 지르며 기뻐했다.

탄핵 가결 발표 직후, 나는 국민의힘 당사 앞으로 빠르게 이동했다. 그곳에 모인 시민들은 "윤석열 구속!"을 외치고 있었다. 반면 국민의힘 지지자들이 모여 있던 공간은 침묵에 가까울 정도로 분위기가 가라앉아 있었다. 경찰은 혹시 모를 충돌에 대비해 긴장한 표정으로 주변을 살피고 있었다.

해가 지면서 응원봉 물결이 점점 거세졌다. 형형색색의 불빛이 파도처럼 흔들렸다.

아버지의 목마를 탄 채 현장을 지켜보던 어린 소녀, '탄핵'이라는 두 글자가 새겨진 응원봉, 그리고 가장 어두운 시기에 밝은 빛으로 광장을 지켜낸 시민들의 모습은 오래도록 기억에 남을 역사의 현장이었다.

"오늘 이 승리의 주역은 맨몸으로 계엄군에 맞서고 장갑차를

막아 주신 이름 없는 시민들의 승리입니다"

기본소득당 용혜인 의원

20241214 현장스케치

둘로 나뉜 광장, 그리고 열다섯 살의 광장

이번 집회 장소는 여의도가 아닌 광화문에서 열렸다. 정권 심판의 무대가 국회 앞에서 다시 광장의 중심으로 옮겨온 것이다.

광화문은 단순한 장소가 아니다. 촛불의 시작과 끝이 있었고, 세월호의 기억과 시민의 눈물이 머물렀던 곳이다. 시민의 기억과 저항이 살아 숨 쉬는 광화문으로 시민들의 함성이 옮겨졌다.

광화문에 도착하자마자 이상한 괴성이 들려왔다. 탄핵 반대 보수 집회 무대에서 튀어나온 기도인지 무슨 의미인지 알 수 없는 외침이었다. 역사박물관 옥상 정원에 올라 내려다보니, 탄핵을 찬성하는 시민들과 반대하는 시민들이 세종대로를 사이에 두고 나뉘어 있었다. 그 중간 지점에는 경찰차들이 마치 도심 한복판에 임시 안전지대를 만들어 놓은 것처럼 보였다.

탄핵 이후, 광장은 한파에도 불구하고 더 뜨거워졌다. 집회 무대에 오른 국회의원은 자전거를 예로 들며 방향과 속도에 대해 말했다. 페달을 밟아 속도를 내지 않으면 자전거는 멈추고, 멈춘 자전거는 곧 쓰러진다고 탄핵도 마찬가지라고 말하며 윤석열 탄핵에 집중해야 한다고 했다. 그의 발언은 이어정치 검찰 탄핵, 한덕수 총리 탄핵 구호로 연결됐다. 이날 광장에서는 촛불행동이 주관하는 집회가 안국역 근처에서 먼저 열렸고, 오후 5시경에는 비상행동이 주관하는 범시민사회 대개혁 집회가 이어졌다. 안국역과 광화문을 오가며 기록을 이어갔다. 500미터 구간을 왕복하면서 몸은 피곤했지만, 어느 하나 빠뜨릴 수 없는 기록들이었다. '수괴 위의 수괴'라고

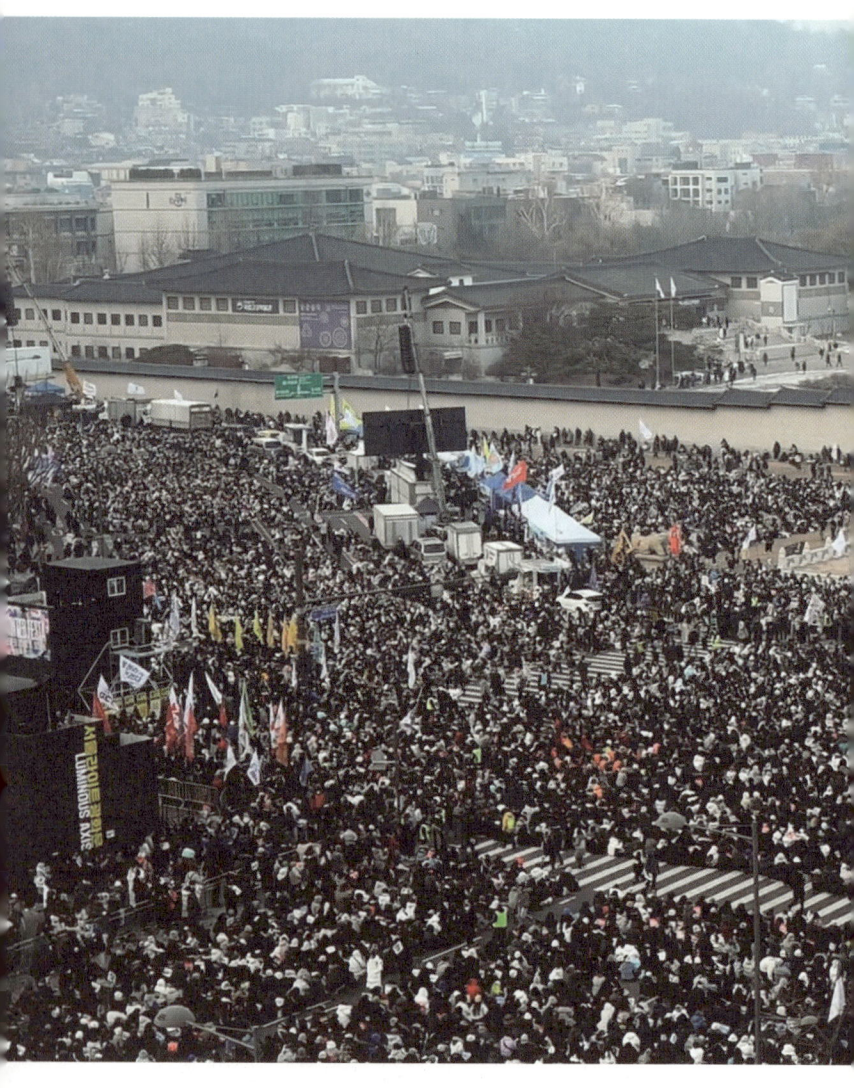

적힌 문구가 눈에 띄었다.

내란 수괴 윤석열의 구속을 촉구함과 동시에 주가조작을 비롯해 몇 가지 혐의받는 김건희를 체포하라는 시민들의 요구도 거센 현장이었다. 시민들이 분노를 표현하는 방식도 다양했다. '탄핵'이라고 새겨진 망토를 걸친 커플, 커다란 촛불을 종이 형태로 만들어 들고 다니는 커플도 있었다. '어째서 사람이 이 모양인가'라고 새긴 하늘색 풍선을 들고 있는 시민, 머리에 뿔 난 것처럼 소형 LED 촛불을 머리띠로 만든 시민, 그리고 이제는 집회의 상징물이 된 다양한 깃발들.

촛불행동이 주최한 집회 현장에서는 미국 뉴욕, 독일 베

를린, 호주 브리즈번 등지에서 열린 해외 동포 집회 영상이 대형 화면을 통해 시민들에게 상영됐다. 화면 속에서 흔들리는 촛불은 국경을 넘어 이곳과 연결돼 있었다.

크리스마스를 며칠 앞둔 시기여서 캐럴이 흘러나왔고 특히 젊은 대학생들이 캐럴에 '파면' 등의 단어를 넣어 개사해 불러 현장 분위기를 한층 유쾌하게 만들었다. 한 학생은 '울면 안 돼'를 '석열 한 대'로 바꾸어 부르며 시민들의 호응을 이끌었고, "촛불국민들은 모두 알고 계신대! 누가 내란범인지 내란 정당인지, 촛불 들고 심판하신대~"와 같은 개사 가사도 이어졌다.

나는 그 장면을 카메라로 기록하며 잠시 피로를 잊었다. 내 옆에서는 회색 머리의 노인이 조용히 같은 방향으로 휴대전화를 들고 있었다. 노인은 노래하는 청년을 화면에 담으며 한참을 움직이지 않았다. 세대는 달랐지만, 같은 장면을 같은 자리에서 기록하고 있었다.

시민 발언 시간에 중학교 3학년 청소년이 무대에 올랐다. 경기도 성남에서 광화문까지 먼 거리를 마다하지 않고 집회에 참석한 학생이었다. 무대에 오른 학생이 어떤 말을 할지 궁금했다.

"스스로 생각하고, 끊임없이 고민한 끝에 이 자리에 용기 내어 말을 꺼내고 있습니다." 단호한 목소리였다. "제가 여기 선 이유는, 앞으로의 미래는 제가 살아갈 사회이며, 저는 더 나은 사회를 가진 대한민국에서 살고 싶기 때문입니다."

현장에서 박수가 터졌다. 그는 비리, 교육 제도, 복지 문제 등을 언급하며 날카로운 비판을 이어갔다.

"그런데 대통령은 무엇을 했습니까?"

불법 비상계엄을 선포했던 상황을 언급하며 자신의 경험 도 덧붙였다. 성남 지역에서 헬기를 자주 봤다는 그는 계엄의 날에도 단순히 "와, 헬기다."라며 웃고 지나쳤던 기억이 이제는 두려움으로 바뀌었다고 말했다. 더 나은 미래를 우리의 손으로 지키겠다는 그의 다짐은 광장 전체를 무겁게 울렸다. 대한민국의 변화는 미래 세대의 손에 달려 있다.

20241221 현장스케치

길 위의 크리스마스 이브,
응원봉으로 트리를 만든 사람들

12월 24일, 크리스마스이브. 이날 저녁에도 광화문에서는 집회가 열렸다. 연말 분위기가 무르익은 시기였던 터라 시민들이 얼마나 모일지 가늠하기 힘들었으나 안국역에서 집회 본무대까지 이어지는 도로가 시민들로 가득 차 통행이 어려울 정도였다.

현장에 도착했을 때는 4·16합창단의 노래가 광장에 울려 퍼지고 있었다. 한 곡이 끝나자 무대에 선 단원이 또렷한 목소리로 말했다.

"우리가 다시 만나게 될 세상에서 필요한 사람은 빛나는 시민들이고, 반드시 사라져야 할 사람은 내란의 주범들과 그에 동조한 자들입니다."

광장에 모인 시민들은 그 말에 박수와 환호로 응답했다. 크리스마스이브의 밤, 광화문은 연말의 들뜬 분위기와는 다른 긴장과 결의로 가득 차 있었다.

"여러분, 우리가 다시 만들어갈 아름다운 세상을 위해 주문을 한 번 외쳐볼까요? 저를 따라 해주세요."

무대에 오른 4·16합창단 단원들이 마이크를 잡고 문장을 외쳤다.

"주문! 피청구인 윤석열을 파면한다!"

광장에 모인 시민들은 곧바로 한목소리로 응답했다. 그 외침 속에는 곧 현실이 될 것이라는 믿음이 담겨 있었다. 그러나 그 주문을 100일이 넘는 시간 동안 외치게 될 것이라고는 누구도 예상하지 못했을 것이다. 이어진 합창단의 다음 곡은 「돌덩이」였다. "더욱 세지고 강해지는 돌덩이"라는 가사처럼, 윤석열의 파면을 바라는 시민들의 마음은 하나로 모였다.

"우리의 봄은 멀지 않았습니다! 윤석열은 퇴진하라!"

사회자의 외침에 맞춰 시민들의 구호는 점점 힘을 얻었고, 광장에는 더 크고 또렷한 목소리가 울려 퍼졌다.

집회 현장 한자리에 머무르기보다는 광장 곳곳을 오가며 사람들의 움직임을 따라갔다. 광장에 모인 시민들의 표현 방식은 볼 때마다 새로웠고, 시간이 지날수록 재치와 유머가 담긴 피켓과 전단의 수는 점점 늘어났다. 분노를 쏟아내기보다 명랑하면서도 날카로운 문장들로 현실을 표현한 구호들은, 무거운 상황 속에서도 웃음을 자아냈다. 광장을 채운 다양한 깃발과 피켓, 그리고 그 안에 담긴 문장들은 이곳이 마치 창작 예술을 전시한 전시장처럼 느껴지게 했다.

집회 사회자의 말처럼, 시민들 덕분에 거리에서 보낸 크리스마스는 오래도록 따뜻한 기억으로 남을 것 같다. 그날 무대에 올랐던 이주노동자 2세의 시민 발언이 쉽게 잊히지 않을 장면이 되었다.

"한국에서 공교육을 받고 이 나라에서 살아가기로 선택한 제가 정말 간첩입니까?"

목소리는 또렷했고 흔들림이 없었지만, 그 안에 담긴 감정은 깊고 격렬했다. 그는 부모 중 한 명이 중국 국적자임을 밝히며, 12월 22일 남태령 연대 집회에서 했던 발언이 소셜미디어에서 왜곡·편집되어 유포됐고, 그 과정에서 쏟아진 혐오 표현으로 큰 상처를 받았다고 말했다.

잠시 침묵이 흐른 뒤, 광장에 모인 시민들은 응원봉을 높이 들어 흔들었다. 말보다 큰 위로는 함께하는 몸짓, 그리고 같은 방향으로 흔들리는 빛이었다. 그 순간 현장에서 수많은 시민이 흔들던 응원봉은 계엄에 분노한 시민들이 윤석열의 파면을 염원하며 만든 거대한 크리스마스트리였다.

광장에서 배우는 민중가요 - 불나비

민중가요 「불나비」는 1980년대 한국 민주화운동의 상징적인 노래다. 불을 향해 날아드는 나비처럼, 고통과 위험을 무릅쓰고 자유를 향해 나아가는 민중의 모습을 은유적으로 담고 있다. 억압된 현실 속에서 자유를 갈망하던 시대의 열망이 녹아 있고, 그 정신은 지금도 집회 현장에서 노래를 통해 살아 숨 쉬고 있다. 불나비는 단순한 노래가 아니라, 연대와 저항의 상징으로 불리며 세대를 넘어 기억되고 있다.

민중가요 배우기

2024년 마지막 주말 집회 그리고 행진

2024년 12월 28일, 한 해의 마지막 주말이다. 이날은 시청역에서 하차해 광화문까지 걸었다. 주말마다 반복되던 익숙한 동선이었지만, 왠지 분위기가 달랐다. 탄핵 반대 집회에 모인 인파도 만만치 않았다. '계엄 합법, 탄핵 무효'라는 문구가 적힌 손피켓을 든 어르신들, 성조기와 태극기를 함께 흔드는 이들의 모습이 곳곳에서 눈에 띄었다.

서울광장을 지나며 이곳이 집회 현장인지, 예배가 열리는 자리인지 잠시 혼란스러웠다. 확성기에서 흘러나오는 구호는 설교처럼 반복됐고, 그 사이사이로 기도와 찬송가가 섞여 들려왔다. 도로 한편에서는 갑작스러운 고성이 터져 나왔고, 일부 발언자들의 언어는 거칠고 여과되지 않은 채 그대로 쏟아졌다.

역사박물관 옥상에서 내려다본 광장은 시민들로 가득 차 있었다. 주말과 연말을 포기하고 모인 시민들은 집회가 끝난 뒤에도 쉽게 흩어지지 않았다. 이들은 다시 대열을 정비해 명

동역 방향으로 행진에 나섰다. 행진하는 동안 시민들은 "윤
석열을 체포하라!"라고 구호를 외쳤다.

광화문에서 명동까지 이어진 행진은 단순한 이동이 아니

었다. 연말의 주말 저녁, 도심 한가운데를 가로지르는 대열은 그 자체로 많은 의미를 담고 있었다. 쇼핑백을 든 사람들 사이로 피켓을 든 시민들이 말없이 걸었다.

광장에서 시작된 외침은 일상의 한복판을 지나며 다른 흐름으로 이어졌다. 집회에 직접 참여하기 어려웠던 시민들 또한 이 행진 앞에서 쉽게 침묵할 수 없었다. 그날의 행진은 거리 위에서 이어진 또 하나의 발언이었다.

20241228 현장 스케치

길 위의 공연, '희망은 힘이 쎄다'

2025년 1월 3일. 새해가 밝았다.

그러나 달력 위에 새겨진 숫자만 바뀌었을 뿐, 계엄의 그림자가 가시지 않은 대한민국은 여전히 무겁고 어두웠다. 매년 새해면 누구나 습관처럼 되풀이하는 희망과 다짐조차 입 밖으로 내지 않았다. 뭐라도 해야만 할 것 같다는 생각뿐이었고, 내가 유일하게 할 수 있는 일은 기록뿐이었다.

우연히 페이스북 타임라인에서 버스킹 소식을 접했다. 공연은 광화문역 8번 출구 앞에서 점심시간을 이용해 약 한 시간 동안 진행될 예정이었다. '희망은 힘이 쎄다' 공연 소식을 알린 이는 이씬 싱어송라이터였다.

세월호 참사 때, 사회적 이슈가 있을 때마다 인디 뮤지션들이 거리로 나와 버스킹을 하던 장면들이 떠올랐다. 그 모습은 몇 차례 기록으로 남긴 적이 있다. 문득 이 장면 역시 기록할 필요가 있겠다는 생각이 들었다. 그 이유는 단순했다. 광장에 울려 퍼지는 구호만큼이나, 희망을 속삭이는 작은 노래

또한 충분히 의미 있다고 믿었다. 거리에서 노래로 말을 건네는 사람들의 이야기를 담고 싶었다.

'희망은 힘이 쎄다' 버스킹 공연은 계엄을 직접적으로 비판하거나 정치적 성격을 띠고 있지 않았다. 현수막에 새겨진 검은 리본이 말해주듯, 이 공연은 우리 사회에서 반복되는 참사와 갑작스레 닥친 계엄이라는 어두운 현실 속에서 시민들을 노래로, 춤으로, 예술로 위로하겠다는 뜻을 담고 있었다. '희망은 힘이 쎄다'라는 짧고 굵은 제목처럼, 시민들에게 희망을 선물하고 싶었던 예술인들의 진심이 고스란히 느껴졌다.

싱어송라이터 이씬

거리에서 공연을 한다는 것은 결코 쉬운 일이 아니다. 장비도, 제대로 된 무대도 갖추지 않은 상황에서, 그저 지나가는 사람들 앞에서 노래를 부르는 압박감은 직접 경험해 보지 않으면 짐작하기 어렵다.

그럼에도 몇 차례 현장을 기록하며 한 가지를 분명히 느낄 수 있었다. 거리를 걷던 시민들이 발걸음을 멈추고 노래에 귀를 기울이는 순간, 예술이 건네는 작은 위로가 분명히 마음에 닿고 있다는 사실이었다.

싱어송라이터 손병휘

새해에는 새 나라에서

한강진에서 밤샘 농성에서 탄생한 키세스 군단

'희망은 힘이 쎄다' 첫 기록을 마친 뒤, 다음 날 예정된 주말 집회를 위해 잠시 숨을 고르려 했다. 컨디션 조절도 할 겸, 쉬어야겠다는 생각이었다. 하지만 윤석열 대통령 체포 시도가 대통령 경호처의 반발로 무산되면서 관저 인근 한강진역 일대는 을씨년스럽고 긴장된 공기로 가득했다. 민주노총 조합원들과 시민들이 자발적으로 모여 밤샘 농성을 시작한 것이다.

새해 벽두부터 철야 농성이라니! 잠이 오질 않았다. 자려고 누웠다가 다시 일어나 옷을 챙겨 입고 현장으로 향했다. 한강진역에 도착한 시간은 자정을 막 넘긴 즈음이었다. 그 시각에도, 나처럼 발걸음을 옮기는 시민이 있었다.

한강진역 2번 출구로 나와 얼마쯤 걷다 보니, 길가에 한 무리의 사람들이 모여 있는 모습이 보였다. 야밤에 울려 퍼지는 기도 소리에 조금 당황했고, 곧 그들이 탄핵 반대 집회 참가자들이라는 걸 알 수 있었다. 탄핵 촉구 집회는 그곳

에서 약 200미터 떨어진 거리에서 진행되고 있었다. 찬반 집회 참가자들 사이의 충돌을 막기 위해 곳곳에 경찰이 배치되어 있었다.

자정이 훌쩍 지난 시간이었지만, 차가운 아스팔트 위에는 수백 명의 시민들이 몸을 웅크린 채 자리를 지키고 있었다. 현장에 도착하자 한 여성이 마이크를 잡고 무대에서 자유 발언을 이어가고 있었다. 그는 자신보다 훨씬 어린 청년들이 함께 밤을 새우는 모습을 보며 마음이 따뜻해졌다고 말했다. 차분한 목소리 속에는 진심 어린 연대와 감사의 마음이 담겨 있었다.

철야 농성 현장에는 '노래로 말하는 사람들'이 있었다. 전날 광화문역 8번 출구 '희망은 힘이 쎄다' 버스킹 현장에서 만났던 음악가 송희태는 몇 시간 뒤 다시 이곳에 나타나 노래로 연대의 뜻을 전했다. 또한 '길가는 밴드'라는 이름으로 활동하는 음악가 장현호는 전국민주노동조합총연맹 간부들을 위해 직접 쓰고 작곡한 노래 「우리는 노동자」를 불렀다. 노래가 울려 퍼지자 노동자와 시민들은 어깨를 흔들며 추위를 견뎠다. 자정이 지난 시간이었기에 거대한 함성은 없었지만, 음악과 함께 더 단단한 연대의 기운이 조용히 현장에 번지고 있었다.

집회가 진행되는 도중 사회자의 안내가 있었다. 인근에 있는 한 수도원이 시민들을 위해 화장실과 몸을 녹일 수 있

는 공간을 개방했다는 소식이었다. 당시 기온은 영하로 떨어진 상태였고, 시민들은 수도원 강당 안에서 잠시 추위를 피할 수 있었다. 이 소식은 곧바로 소셜미디어를 통해 빠른 속도로 공유되었다.

그리고 다음 날, 수도원에는 고마움을 전하는 시민들의 후원이 이어졌다. 현장에 직접 참여하지 못했던 시민들의 후원도 계속되었다. 어려운 순간이 오면 우리는 서로의 마음을 더 단단히 붙잡는다. 슬픔 속에서도 쉽게 손을 놓지 않는다. 함께 견디는 법을, 함께 버텨내는 법을 이미 오래전부터 배워온 사람들이기 때문이다.

사람들의 얼어붙은 몸과 마음을 녹인 것은 수도원이 내어준 따뜻한 공간만은 아니었다.

"농민이 최고! 농사가 최고! 우리가 최고야!"

흥겨운 가락에 맞춰 한 여성 농민이 무대에 올라 율동을 시작하자, 차가운 아스팔트 위에 앉아 있던 시민들도 하나둘 자리에서 일어나 함께 몸을 흔들었다. 몸이 따뜻해진다는 것은 마음이 풀린다는 뜻이기도 했다. 분노로 시작된 밤이었지만, 그 안에는 분명 '흥'이 살아 있었다.

노래가 끝나자 곳곳에서 앙코르가 터져 나왔다.

"저는 농사지은 지 28년 됐고예~"

구수한 경상도 사투리로 자신을 소개한 농민은 이렇게 말했다.

"이 율동은 어떤 노래에도 잘 어울립니다. 중간에 간주 나오면 그냥 막춤을 추면 됩니다. 여러분도 같이해 주셨으면 좋겠어요."

그의 말에 광장은 다시 웃음과 박수로 채워졌다. 분노와 연대, 그리고 몸을 움직이며 버텨내는 힘이 함께 어우러진 밤이었다.

새벽 2시를 넘긴 시각, 뜻밖에도 흘러나온 음악은 에스

파의 「위플래시」였다. 청년들은 응원봉을 흔들며 즉각 반응했고, 어둠 속에서 깃발이 다시 한 번 물결쳤다. 자정을 훌쩍 넘긴 시간이었지만 시민들의 얼굴에서는 피곤한 기색은 보이지 않았다. 오히려 그 시간, 그 자리에 함께 있다는 사실로 서로가 뜨겁게 연대하고 있음을 증명하고 있는 듯했다.

새벽 3시 무렵, 나는 집으로 돌아가기로 했다. 주말 집회를 기록하려면 최소한 몇 시간의 잠은 필요했기 때문이다. 그리고 불과 몇 시간 뒤, 서울 지역에 폭설이 내렸다.

1월 4일 아침, 은박 담요를 덮은 채 눈 쌓인 아스팔트 위에서 밤을 지새운 시민들의 사진이 소셜미디어를 채우기 시작했다. 누군가는 그 모습이 초콜릿 '키세스' 같다고 말했다. 그렇게 '키세스 군단'이라는 이름이 생겨났다.

혹독한 겨울 한복판에서, 그들은 연대의 힘으로 추위를 견뎌낸 용감한 투쟁가들이었다. 현장에서 직접 기록하지 못한 점은 아쉬움으로 남는다. 하지만 나는 철인 28호는 아니니까 그 사실을 인정하며, 남겨진 기록을 오래 바라보았다.

20250104 현장 스케치

내란을 인정하지 않는 사람들

2025년 1월 8일 오전 6시 무렵, 집을 나섰다. 윤석열에 대한 체포 영장이 재발부됐다는 소식을 듣고, 한강진 관저 인근에서 벌어질 상황을 기록하기 위해 현장으로 향했다. 동이 트기도 전이었지만, 한남동 관저 주변에는 탄핵에 반대하는 보수 성향의 지지자들이 이미 모여 있었다. 도로 한편에는 1인용 소형 텐트가 설치돼 있었다.

그 순간 문득 이런 생각이 스쳤다. 한 나라가 하나의 마음으로 '국가'를 사랑하는 순간은, 정말로 월드컵을 응원할 때뿐인 걸까. 씁쓸한 단상이 스쳐 지나갔다.

고가도로를 지나는 차량들을 향해 '부정선거 OUT, 가짜 국회'라는 문구가 적힌 피켓을 든 시민들의 모습이 보였다. 국가의 선거 제도를 부정하고 입법기관인 국회를 '가짜'라고 규정하는 행위야말로 이른바 '반국가 세력'에 더 가까운 것은 아닐지, 잠시 생각이 스쳤다.

태극기와 함께 성조기를 흔드는 것까지는 애써 이해하려

했다. 오래전부터 봐왔던 보수 진영의 상징이었으니까. 그러
나 이스라엘 국기가 함께 등장한 장면은 선뜻 납득하기 어려
웠다. 이 깃발은 왜 이곳에 있는 것일까.

"이 몸이 죽어서 나라가 산다면, 아~ 이슬처럼 기꺼이
죽으리라!"

「충정가」로 불리는 이 노래가 반복해서 흘러나오고 있었
다. 노랫말을 듣는 순간, 문득 이 가사가 일종의 감정적 가스
라이팅처럼 느껴졌다.

20250108 현장 스케치

광화문 혁명 대공약

1월 11일 오후 1시 40분경, 한강진 집회 현장을 다시 찾았다. 윤석열의 체포 여부를 두고 언론을 비롯한 여러 매체와 시민들의 관심이 집중되면서, 현장에는 팽팽한 긴장감이 감돌고 있었다. 고가도로 아래 공간에는 탄핵에 반대하는 보수 성향의 집회 참가자들이 빽빽하게 모여 있었다. 현장에는 'STOP THE STEAL'이라고 적힌 손피켓과 윤석열을 응원하는 화환, 그리고 '반국가 세력들은 대한민국의 자유를 파괴하고 있습니다'라는 문구가 인쇄된 유인물들이 곳곳에 놓여 있었다. 한남대로 고가도로 위에는 붉은 글씨로 된 현수막이 걸려 있었다.

'불법영장저지=육탄=국민결사대!'

그 문장은 등식처럼 나열돼 있었지만 의미는 쉽게 이해되지 않았다. 오히려 취약한 시민들을 특정한 프레임 안에 가두고, 조작된 믿음으로 끌어들이려는 가스라이팅성 위협에 더 가깝게 느껴졌다.

　한강진 집회 현장을 잠시 둘러본 뒤, 광화문으로 이동하기 위해 곧바로 지하철역으로 향했다. 그 과정에서 태극기와 성조기를 함께 들고, 윤석열과 트럼프가 나란히 서 있는 이미지를 자랑스럽게 들어 올린 사람들을 마주쳤다. 나는 반미주의자는 아니지만, 쉽게 이해하기 힘든 풍경이었다.

　오후 3시 25분경 시청역에 도착했다. 광화문 집회 현장으로 향할 때면 일부러 시청역에서 내려 걸어간다. 보수 성향 집회 현장을 지나며 분위기를 살피고, 귀동냥도 하기 위해서다.

　현장에 도착했을 때는 전광훈 목사가 연설을 하고 있었다. 눈에 띄는 장면 중 하나는 그의 발언이 끝날 때마다 곧바로 영어 통역이 이어졌다는 점이었다. 주변을 둘러보았지만

외국인의 모습은 거의 보이지 않았다. 현장에서 영어 통역을 직접 듣는 사람이 얼마나 될지 의문이 들었지만, 유튜브 생중계를 통해 해외로 확산시키기 위한 목적이라고 짐작할 수 있었다. 전광훈 목사는 황교안 전 국무총리와 마찬가지로 '부정선거'를 강조하는 발언을 이어갔다.

가장 낯설게 느껴졌던 장면은 이른바 '광화문 혁명 공약' 연설의 내용이었다. 총 12개 항목으로 구성된 공약문은 사실관계나 논리와 거리가 멀어, 굳이 하나하나 언급하고 싶지 않을 정도였다. 이 문구들과 전광훈 목사의 사진이 함께 담긴 영상은 대형 전광판을 통해 반복 재생되고 있었다.

공약의 첫 번째 항목은 '윤석열 탄핵 무효 선언'이었다. 누

가, 어떤 근거로, 어떤 절차를 통해 무효를 선언한다는 것인지 의문이 들었다. 전광훈 목사의 발언이 법이자 진실이 되는지, 그 기준은 무엇인지 쉽게 납득하기 어려웠다. 과거 "하나님도 까불면 죽는다"는 취지의 발언을 했던 인물이라 그의 말을 조건 없이 따라야 한다는 것인가.

더 듣고 있을 이유가 없었다. 다만 현장에 모인 사람들은 그의 발언을 끝까지 듣고 있었고, 열띤 반응을 보였다. 결국 나는 이것 또한 서로 다른 생각이 공존하는 사회가 민주주의의 모습일 수 있다는 생각으로 스스로를 정리했다.

윤석열 체포

1월 15일, 드디어 윤석열이 체포됐다. 체포 소식이 전해진 그날 오후, 한강진 일대의 상황이 궁금해 곧바로 현장을 찾았다. 그러나 그곳은 말 그대로 텅 비어 있었다. 이전까지 보였던 대규모 보수 집회 인파는 흔적을 찾기 어려웠다.

그리고 그날 저녁, 안타까운 소식이 전해졌다. 과천 고위공직자범죄수사처 인근에서 60대 남성으로 추정되는 한 인물이 숨졌다는 보도가 나왔다. 신원은 확인되지 않았고, 사망 경위에 대한 조사도 진행 중이었다. 일부 보수 성향 지지자들 사이에서는 그를 '순교자'라고 부르기도 했다.

세상을 바꾸는 질문의 벽

1월 18일, 주말 집회가 열리는 날이다. 광화문으로 향하는 길에 시청역에서 내려 주변 분위기를 살폈는데, 보수 성향 집회가 열리던 현장은 이미 철거가 진행되고 있었다. 윤석열 체포 이후, 해당 집회는 광화문이 아닌 서울서부지방법원 인근으로 이동해 이어지고 있는 것으로 보였다.

한편, 광화문 비상행동 집회의 시민 발언 현장은 뜨거운 열기로 가득 차 있었다. 한 시민은 윤석열 탄핵안 가결 이후 체포까지 43일이 걸렸다는 점을 언급하며, 그 시간 동안 광장에서 함께한 서로를 격려하자고 말했다.

이어 그는 파면 이후 새로운 세상이 열린다면, 학벌에 따른 차별이 없는 사회를 함께 만들어 가자며 시민들에게 희망의 메시지를 전했다. 광장에는 공감과 박수가 이어졌다.

이어 18세의 한 고등학생이 마이크를 잡았다. 그는 즉각적인 파면 자체가 중요한 것이 아니라, 앞으로 다시는 이상한 대통령이 등장하지 않도록 하는 것이 더 중요하다고 강조했다. 그의 발언은 짧았지만 또렷했고, 광장은 조용히 귀를 기울였다.

다음으로 한 소방관이 무대에 올랐다. 그는 자신이 전국민주노동조합총연맹 소속 조합원임을 밝히며 발언을 시작했다. 목소리에는 분노와 억눌린 감정이 분명히 배어 있었다. 그는 내란 세력이 특정 건물들의 전기와 물을 차단하라고 지시했던 사실을 언급하며, 그 명령이 얼마나 비상식적이고 반인권적인지 조목조목 짚었다. 특히 시민의 생명과 재산을 지켜야 할 소방청 수장이 그 지시에 협조했다는 점에 대해, 같은 소방관으로서 참을 수 없는 수치이자 치욕이라고 말했다. 감정을 억누르려는 듯 그의 말은 점점 떨렸고, 그 떨림은 곧 현장을 감싸는 깊은 침묵으로 이어졌다.

"역사 앞에 사죄하고, 최소한의 양심이라도 지키라."

분노와 진심이 담긴 소방관의 외침은 그 어떤 구호보다도 무겁고 깊은 파장을 전했다.

'비상행동 사회대개혁'이라는 이름으로 매주 열리는 집회는 단순한 집회를 넘어서는 자리였다. 그것은 다양한 직업과 배경을 지닌 시민들이 참여해, 사회적 약자의 문제를 포함한 우리 사회의 구조적 문제를 함께 말하고 논의하는 공론의 장에 가까웠다. 발언대에 오른 시민들은 각자의 삶에서 마주한 현실을 토대로 이야기를 풀어냈다. 그들의 말은 이 시대를 향한 질문이자 제안으로 들렸다.

광장 한편에는 '세상에 던지는 질문'을 포스트잇에 적는 작은 부스도 마련돼 있었다. 그곳에 모인 손글씨 질문들은 때로는 날카로웠고, 때로는 따뜻했으며, 무엇보다 진심이 담겨 있었다. 나는 광장에서 쏟아져 나온 수많은 질문과 고민 하나하나가, 우리 사회가 다음 걸음으로 나아가기 위한 단단한 디딤돌이 될 것이라 믿는다.

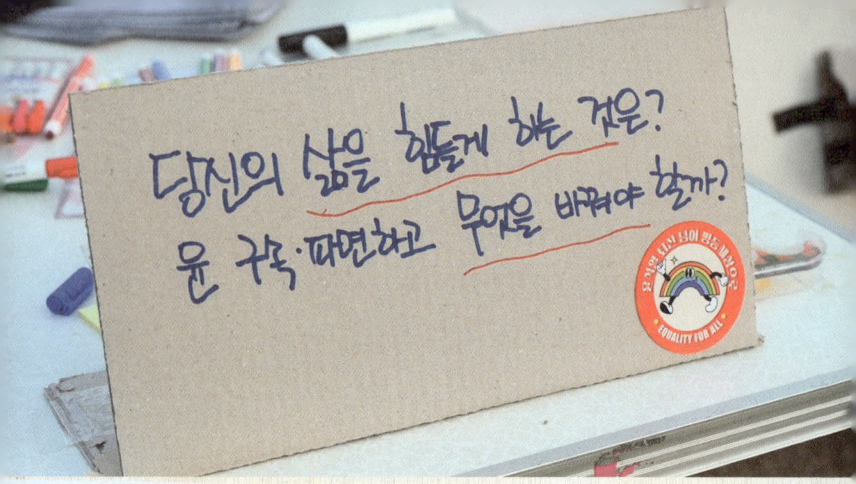

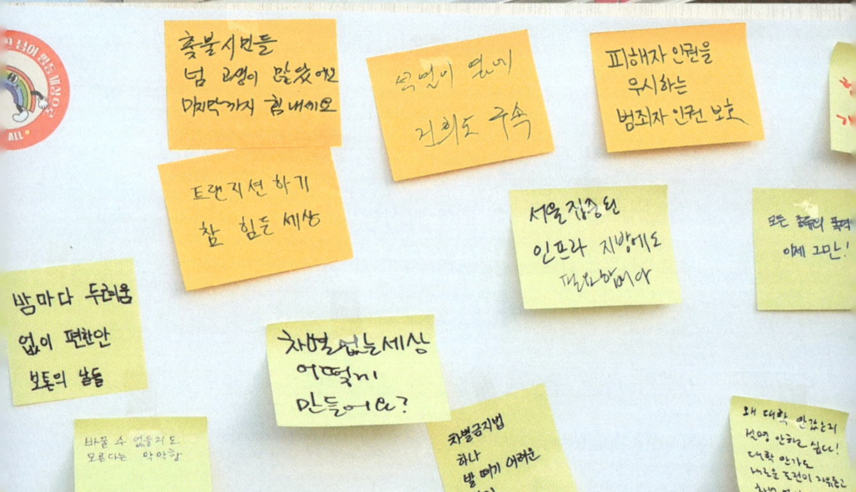

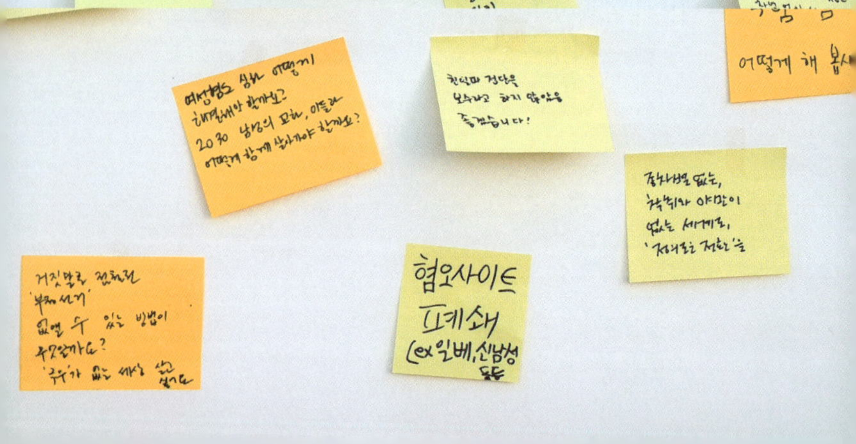

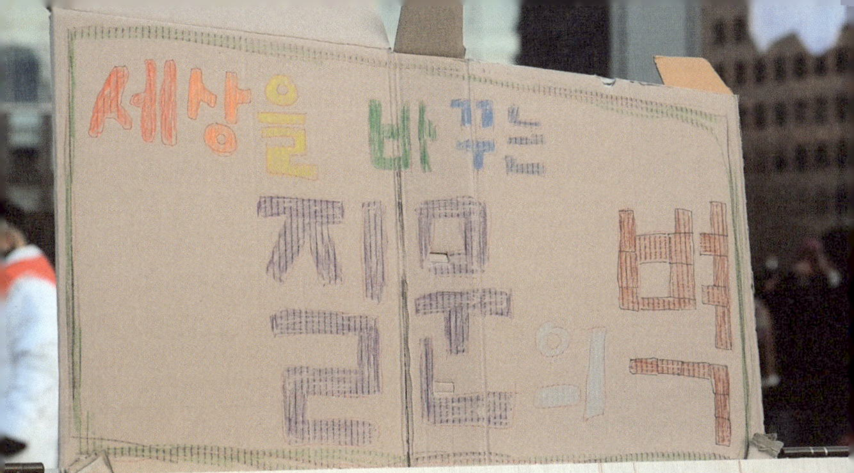

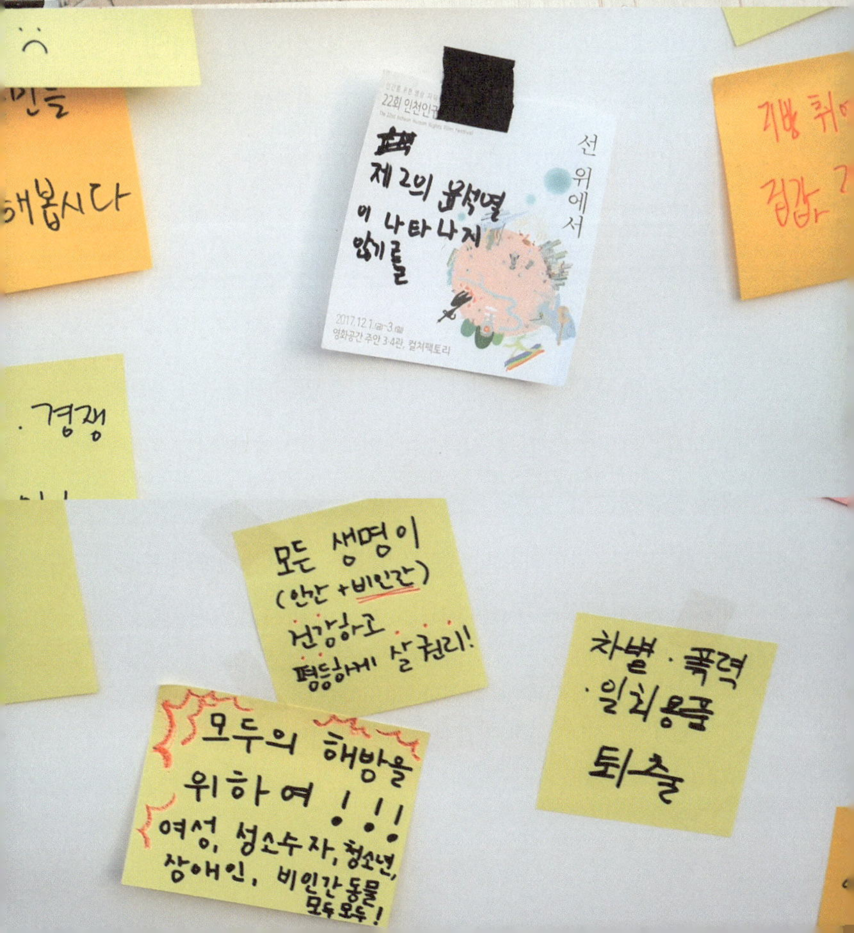

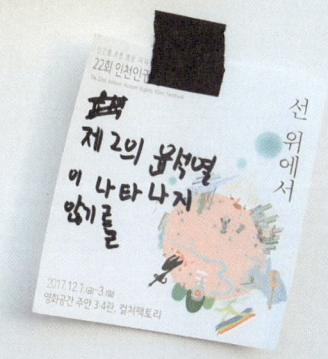

본집회가 끝나고 행진이 이어졌다. 대열 앞에는 '민주주의 버스'가 자리하고 있었다. 버스 전면에는 '윤석열 체포 경축', 버스 측면에는 '내란수괴 지금 당장 파면하라! 피의자는 수사에 성실히 임하라!'라는 문구가 적힌 현수막이 걸려 있었다. 민주주의 버스는 행진의 대오 맨 끝에서 동행했다.

행진의 분위기를 한층 끌어올리기 위해 DJ까지 등장했다. 음악에 맞춰 시민들의 발걸음은 한결 가벼워졌고, 얼굴에는 기대와 희망이 자연스럽게 번졌다. 윤석열의 체포 이후, 많은 시민들은 우리 사회가 달라질 수 있다는 가능성에 대해 이야기했고, 그 변화에 스스로 기여하고 싶다는 의지도 드러냈다.

체포와 파면을 요구하는 목소리 속에서 시민들이 바랐던 것은 단순한 처벌이 아니라, 다시 만날 수 있는 세계였다. 계엄이라는 어두운 시간을 지나오며, 결국 가장 밝게 빛난 존재는 광장에 모인 시민들이었다. 그날 행진에 함께한 사람들 모두가 조금은 가벼워진 마음으로 걸었을 것이다. 새해의 봄이, 어쩌면 우리가 예상했던 것보다 조금 더 빨리 다가올지도 모른다는 믿음과 함께.

1월 18일 저녁, 행진 대열에서 잠시 벗어나 오후 7시에 안

자동문
윤석열을 감옥으로!
해체하라
경 윤석열 체포 축
73우 9065

내란수괴 지금 당장 파면하라
피의자는 수사에 성실히 임하라

국역에서 열린 촛불행동 집회 현장을 스케치했다. 윤석열의 체포 이후 영장 심사가 진행 중인 상황에서, 사회자는 "집회가 끝나기 전에 구속 확정 소식을 듣고 싶다"고 말했고, 시민들은 환호로 응답했다. 이날 촛불집회의 진행자는 "독립운동부터 민주화운동에 이르기까지 태극기는 애국의 상징이었다"고 강조하며, "극우 세력이 태극기를 들고 애국자인 양 행세해 왔지만, 이제 태극기를 다시 우리의 품으로 되찾아와야 한다"고 말했다. 현장에 모인 시민들은 힘껏 태극기를 흔들며 화답했다. 태극기의 물결과 응원봉의 파도가 함께 어우러지는 장면은 깊은 울림을 남겼다.

촛불문화제를 기록하던 중 한 손피켓이 눈에 들어왔다. 큼지막한 글씨로 적힌 문구는 단순했지만 강렬했다.

"청년이 살아갈 나라."

이 추운 날, 발바닥에 땀이 나도록 광장을 누비며 기록을 멈출 수 없었던 이유를 단 하나로 꼽자면, 내 아이들이 살아갈 나라를 지키고 싶은 마음 때문이다. 그 손피켓을 들고 있던 사람은 백발이 성성한 어르신이었다. 그 모습을 바라보며 나는 묵직한 책임감을 느꼈다. 그것은 특정 세대의 외침이 아니라, 세대를 건너 이어지는 호소였다. 광장을 울린 그 문장은 여전히 오래 남아 있다.

빛돌이, 이광석의 따뜻한 노래!

1월 31일, 눈 내리는 밤이었다. 안국역 촛불집회 현장에는 함박눈이 조용히 내려앉고 있었다. 윤석열의 파면을 촉구

하는 시민들의 열기 앞에서, 흩날리는 눈발과 매서운 찬바람은 별다른 문제가 되지 않았다.

은박 담요를 두른 채 누군가는 구호를 외쳤고, 누군가는 노래를 따라 불렀다. 차가운 아스팔트 위에서 끝내 마음을 녹인 것은, 다름 아닌 사람과 사람 사이의 온기였다.

자유 시민 발언대에 오른 시민의 얼굴이 낯설지 않았다.

행진이 있을 때마다 야광 상모를 돌리며 시민들의 시선을 단번에 끌던 인물이기 때문이다. 그는 매주 집회가 시작되기 전 풍물 공연을 하고, 무거운 악기를 메고 행진 내내 연주를 이어간다. 상모를 돌려야 하는 순간도 많아, 그가 감당해야 할 체력 소모는 이루 말할 수 없을 것이다. 그는 목에 파스를 붙여 가며 매주 빠짐없이 광장에 나온다고 말했다. 발언대에 선 그 어르신은 짧게 창 한 자락을 뽑은 뒤 북을 연주하셨다. 작은 몸으로 어깨를 들썩이며 춤을 추는 그 모습에서, 현장에 모인 시민에게 긍정의 에너지가 전해지는 듯했다. 광장은 그렇게, 말과 몸짓이 함께 만들어내는 연대의 장단이 채워지고 있었다.

이어 세월호 기억관에서 활동하는 한 시민의 자유 발언이 이어졌다. 그는 세월호 참사로 가족을 잃은 유가족들뿐만 아니라, 이후 반복돼 온 여러 사회적 재난 속에서 고통을 겪어 온 이들을 잊지 말아 달라고 시민들에게 당부했다.

마침내 기다리던 음악가 이광석이 무대에 올랐다. 우리는 2013년 광화문 거리에서 버스킹을 기록하던 과정에서 처음 인연을 맺었고, 이후 세월호 참사를 기억하는 소규모 음악인들의 행동을 함께 기록하며 조금 더 가까워졌다.

2015년 12월 28일, 느닷없이 발표된 일본군 '위안부' 합의가 있던 날에도 그는 소녀상 곁에서 수요 예술 행동을 멈추지 않았고, 그 장면 역시 영상으로 남아 있다. 이광석의 오랜 지인들은 그를 '빛돌이'라고 부른다. '광석'이라는 이름을 한자로 풀어 장난스럽게 붙인 애칭이다.

오랜 시간 같은 자리를 지켜온 사람만이 건넬 수 있는 위로가 있다. 눈 내리는 겨울밤, 이광석이 부른 노래 「연탄」은 스스로를 태워 재가 되는 연탄의 이미지를 빌려, 광장에 모인 이들에게 질문을 던졌다.

"나 아닌 다른 사람을 위해 단 하루라도 살아 본 적 있나요?"

그 질문은 조용한 위로이자, 동시에 깊은 성찰로 다가왔다. 시인 안도현의 시에 이광석이 곡을 붙인 이 노래는, 겨울밤 눈송이가 흩날리듯 섬세하게 마음을 적시며 오래 기억될 노래가 되었다.

2025년 1월을 보내며, 2월에는 윤석열의 파면 소식이 들릴 것이라 기대했다.

싱어송라이터 이광석

20250131 현장 스케치

광장의 깃발, 혁명의 상징으로

2월의 첫 번째 주말이다. 개인적으로는 내가 반백 살이 되는 날이기도 하다. 오래 살았다고 하면 정말 오래 산 것 같고, 아직 살아갈 날이 많다고 하면 또 그러한 나이다. 내가 살아갈 대한민국도 중요하지만, 아이가 살아갈 대한민국은 그보다 더 중요하다. 상식이 통하는 나라가 되기를 바라는 마음으로, 600번 버스에 올랐다.

나이 탓인지, 혹은 피로 때문이었는지 브이로그를 촬영하다가 잠시 잠이 들었다. 광화문으로 향하던 600번 버스는 집회로 인한 도로 통제로 서대문역까지만 운행했다. 나는 지하철 5호선으로 갈아탔다. 광화문역 출구를 나서자마자 보수 성향 집회에서 울려 퍼지는 "더불어민주당 해산하라!"는 구호가 귀에 들어왔다. 미국 대사관 앞 횡단보도 양옆에는 경찰 차벽이 설치돼 있었고, 탄핵 찬성과 반대를 외치는 인파는 도로를 사이에 두고 나뉘어 서 있었다. 물리적으로는 분리돼 있었지만, 사람들은 두 집회 현장을 오가며 비교적 자유롭게 이동하고 있었다.

그중 한 여성이 눈에 들어왔다. 한 손에 든 깃발에는 태극기와 성조기가 나란히 달려 있었다. 그는 그 깃발을 흔들며 탄핵 찬성 집회 쪽을 향해 "만세!"를 외쳤다. 서로 다른 목소리들이 교차하는 그 광장의 한가운데서, 모든 사람의 생각이 같을 수는 없다는 사실을 조용히 받아들였다.

이날은 본집회에 앞서 기수 입장이 먼저 진행됐다. 각자의 깃발을 들고 집회에 참여하는 일은 어느새 하나의 문화로 자리 잡았다. 시간이 지날수록 깃발을 든 사람들은 점점 늘어났고, 깃발에 적힌 문구 역시 더욱 다양해졌으며 재치와 개성이 넘쳤다. 사회자는 입장하는 참가자 한 명 한 명의 이름을 불러 소개했다. 세종호텔 고공 농성자들을 응원하기 위해 만들어진 깃발부터, 각종 단체의 깃발, 무엇보다 눈에 띈 것은 개인 시민들이 직접 만든 문구의 깃발들이었다. 유쾌하면서도 때로는 날카로운 문장들이 깃발 위에 담겨 있었다. 자신만의 언어로 광장에 존재하고 있음을 드러내고 있었다. 그렇게 모인 수많은 깃발들은 하나의 물결을 이루었고, 광장의 상징이 되었다.

깃발 입장식이 진행되는 동안, 광장 한편에서는 깃놀이꾼 여현수가 대형 깃발을 흔들고 있었다. 평소 보아오던 '국민이 주인이다'라는 문구가 적힌 깃발과는 다른, 새로운 형태의 깃 발이었다. 이후 페이스북 메시지를 통해 알게 된 사실이지만, 그 깃발의 이름은 '희망 수호 충견기'였다. 깃발에는 십이지신 가운데 하나인 개의 모습을 형상화한 그림과 함께, '평화와 정의로운 세상을 지키는 충견, 촛불로 일궈낸 평화를 지킨다' 라는 문구가 적혀 있었다.

광장에 모인 깃발의 군무는 장관이었고 몸에 전율이 흐를 만큼 강한 인상을 남겼다. 시간이 흐르면서 기수들 사이에는 자연스럽게 공동체 문화가 생겼다. 서로 음식을 나누고, 깃발 이름이 적힌 스티커를 만들어 교환하는 풍경은 광장을 하나의 축제 공간으로 바꾸어 놓았다.

　　깃발은 이전의 집회에서도 존재해 왔지만, 그 형태는 주로 특정 단체나 집단을 대표하는 상징에 가까웠다. 그러나 계엄 이후 집회에 등장한 깃발들은 분명히 달랐다. 대부분 개인이 직접 만든 깃발이었고, 그 안에는 각자의 언어와 이미지가 담겨 있었다. 그것은 더 이상 조직의 메시지가 아니라, 개별 시민의 목소리와 신념의 시각화였다. 이 깃발들은 대한민국 사회가 지닌 다양성을 상징하는 아이콘이 되었고, 윤석열이 파면된 이후에는 별도의 전시로 이어지기도 했다. 깃발은 광장을 물들이고 혁명의 감각을 일깨우는 시각적 메타포였으며 집회를 더욱 생동감 있게 만드는 데 중심적인 역할을 해냈다.

20250201 현장 스케치

매서운 한파 속에서도
희망은 힘이 쎄다! 두 번째 기록

"저희는 한국민예총에서 윤석열의 탄핵이 인용될 때까지 버스킹을 이어가고 있는 문화노동자들입니다."

공연의 첫 순서인 가수 김민정의 인사말 끝에, 하얀 입김이 퍼져 나갔다. 두꺼운 모자와 방한복을 껴입고 차가운 거리에서 노래를 부른다는 것은 결코 가벼운 선택이 아니다. 김민정은 일본군 '위안부' 피해 할머니들을 기리는 곡을 소개했다. 얼마 전 일본군 '위안부' 피해 할머니 한 분이 별세하셨고, 이제 생존자는 손에 꼽을 정도만 남게 되었다는 이야기도 전했다. 마이크를 타고 울려 퍼진 노래는 사라져 가는 기억을 붙잡는 손이자, 끝내 지워지지 않기를 바라는 마음의 외침처럼 들렸다. 예술가들은 그렇게 노래로 기록하고, 노래로 위로하고 있었다.

두 번째 무대는 문화예술가 양혜경의 차례였다. 약 10년 전, 수요집회 현장에서 일본군 '위안부' 피해자들의 넋을 달래

가수 김민정

듯 온몸으로 춤을 추던 그의 모습이 떠올랐다. 그날 역시 그
는 탈처럼 보이는 소품을 들고, 쉽게 해석되지 않는 퍼포먼스
를 선보였다. 낯설지만 섬세한 움직임, 익숙한 서사로는 담아
낼 수 없는 상징들이 무대 위에 놓였다. 예술을 해석하는 일
은 언제나 관객의 몫이다. 예술가는 각자의 방식으로 이야기
를 전할 뿐, 정답을 제시하지 않는다. 그 퍼포먼스는 계엄이라
는 어두운 시간 속에서 우리가 애써 외면하고 싶었던 감정들
을 건드린 행위였을지도 모른다. 솔직히 말해, 나는 양혜경의
무거운 몸짓과 표정을 온전히 이해하지는 못했다. 다만 카메

라의 뷰파인더 너머로 그 장면을 담아냈고, 그저 많은 사람에게 그 풍경을 전하고자 했다. 이해하지 못했음에도 기록을 멈추지 않는 것, 어쩌면 그것이 내가 할 수 있는 하나의 책임이라 생각했다.

그날의 버스킹은 노래와 퍼포먼스, 오카리나 연주가 어우러진 다채로운 무대였다. 매서운 추위 속에서 악기 안에 맺힌 습기가 얼어붙어, 연주가 원활히 되지 않는 상황이 벌어지기도 했다. 그럼에도 연주자 김은정은 끝까지 포기하지 않았다. 바람 소리에 스미듯 섞인 오카리나의 음색은 차분하면서

문화예술가 양혜경

도 경쾌했다. 얼어붙은 손을 달래가며 연주를 이어가는 그의 모습은 희망이라는 단어 그 자체였다. 희망은 힘이 쎄다! 그 말을 또다시 마음에 새긴 현장이었다.

20250204 현장 스케치

오카리나 김은정

어느 70대 아저씨의 타는 목마름으로

2025년 2월 6일, 안국역 촛불행동 집회에서 만난 70대 어르신의 자유 발언과 노래는 깊은 인상을 남겼다. 그는 불과 1년 전까지 택시 노동자로 일해 왔다고 자신을 소개했다. 택시 일을 그만둔 이후에는 집회에 자주 참석하며, 시민으로서 목소리를 내고 있다고 말했다.

"한국전쟁의 혼란 속에서 태어나 한국 현대사의 여러 장면을 겪어왔습니다. 21세기 선진화된 대한민국에서 계엄이라니요?"

그는 계엄이 선포되던 날, 부천에서 택시를 타고 국회로 달려갔다고 말했다. 그날 국회 앞에 모인 많은 시민들 속에서 계엄 철폐를 외치셨을 어르신. 그 이야기를 들으며 나는 그 현장에 함께하지 못했던 스스로가 조금 부끄럽게 느껴졌다. 발언을 마무리하며 그는 노래 한 소절을 부르겠다고 말했다.

한 소절이 끝나자 한 시민이 노래 전체를 불러 달라고 요청했고, 집회에 모인 시민들은 박수로 화답했다. 그가 부른 노래는 민중가요 「타는 목마름으로」였다. 음정은 다소 흔들렸지만, 거칠고 진심이 담긴 목소리에는 분노와 절박함이 고스란히 실려 있었다. 그 순간을 기록하고 있던 나 역시 살짝 소름이 돋았다. 노래는 완벽하지 않았지만, 그날 밤 광장에서는 그 어떤 말보다도 강하게 울리고 있었다.

노래가 끝난 뒤, 그는 집회에 모인 시민들에게 존경을 표하며 큰절을 올렸다. 설이 지난 지 얼마 되지 않은 때였다. 한 시민이 농담처럼 "죄송합니다! 세뱃돈은 없습니다!"라고 말하자, 모두가 크게 웃었다.

저녁 7시에 시작되는 촛불집회의 특성상, 집회가 끝나고

귀가하는 시간은 대개 밤 10시를 넘기기 마련이다. 그럼에도 다음 날 출근하고 다시 광장에 나오는 열성적인 시민들이 적지 않았다.

사회자는 이렇게 말했다.

"이 생활을 두 달 넘게 하고 있는데요. 이런 국민들이 어디 있습니까? 전 세계를 돌아봐도 이런 나라가 없습니다! 이렇게 위대한 국민들이 계시기 때문에 반드시 우리가 민주주의를 되찾아올 거라고 확신합니다!"

그 말에 한 시민이 LED 촛불을 높이 들어 흔들며 응답했다. 민주주의에 대한 목마름이 타오르는 현장이었다.

20250206 현장 스케치

광장의 소음들

2월 8일, 다시 주말이 찾아왔다. 오전에는 막내와 함께 시간을 보냈고, 점심을 먹은 뒤 광화문으로 향했다. 이날도 시청역에서 내려 걸어서 이동했다.

현장에서 눈에 띄었던 점은 이전보다 젊은 세대의 비중이 늘었다는 사실이었다. 특히 '나라지킴이 고교연합'이라고 적힌 깃발이 시선을 끌었다. 그 깃발을 보며 잠시 이런 생각이 스쳤다. 어버이연합이 사라지니까 고교연합이 등장하는 것일까.

광화문으로 걸어가는 동안, 망언도 적지 않게 들려왔다. 기록하고 싶지 않은 내용이었지만, 현장 기록 차원에서 보수 성향 집회 무대에서 나온 가장 난해한 발언 일부를 옮겨 적기로 했다.

"만약에 윤석열 대통령이 비상계엄 선포를 해도 나라가 이 모양 이 꼴인데, 선포를 안 했으면 나라가 어떻게 됐겠습니까?"

이날도 전광훈 목사가 무대에 올랐다. 그는 마지막 총선이 부정선거였다는 주장을 이어가며 연설을 계속했다. 그러다 집회에 모인 시민들을 향해 갑작스럽게 명령하듯 외쳤다.

"윤석열 대통령이 계엄령을 잘했다고 생각하면 두 손 들고 만세!"

순간, 나는 두 눈을 의심했다. 그의 말이 끝나자 집회에 모인 시민들은 일제히 손을 들었고, 성조기와 태극기를 흔들며 만세를 외쳤다.

나는 늘 '모든 사람이 같은 생각을 할 수는 없다'는 전제를 마음에 두고 살아간다. 다름을 인정하는 일 역시 민주주의의 한 원칙이라고 믿는다. 그럼에도 불구하고, 그날 마주한 이 장면은 끝내 쉽게 이해되지 않았다.

20250208 현장 스케치

탄핵을 넘어 기후 정의까지, 확장된 시민의 요구

2월 8일 열린 제10차 사회대개혁 범시민대행진 집회는 단순히 윤석열의 파면을 요구하는 자리에 그치지 않았다. 이 날의 주요 의제는 '기후와 환경'이었다. 광장에는 하얀 북극 곰 인형이 등장해 이곳저곳을 오갔고, '석탄발전이 멈춰도 우리의 삶은 멈출 수 없다'라는 문장을 한 글자씩 나눠 든 피켓 행렬도 눈에 띄었다. 광장 한편에는 정당과 예술 단체, 시민사회단체들이 마련한 농성 텐트가 줄지어 서 있었다. 매주 열리는 주말 집회마다 이 부스들은 시민들을 맞이하며, 우리 사회가 안고 있는 다양한 문제를 짚고 기억하게 하는 역할을 하고 있었다.

여수에서 광화문까지, '탄핵 너머 이주민과 함께 사는 세상을!!!'이라는 문구가 적힌 깃발이 눈에 들어왔다. 깃발 한쪽에는 '여수 외국인 보호소 화재 참사 18주기'라는 문장이 함께 새겨져 있었다. 그 문구를 통해 나는 처음으로 그 사건의 존재를 알게 됐다. 무지에서 비롯된 부끄러움에, 나는 한

동안 그 자리에서 멈춰 서서 깃발을 오래 바라보았다. 광장
은 그렇게, 누군가의 목소리를 통해 또 다른 현실을 배우게
되는 공간이기도 했다.

　"한화오션, 약속을 지켜라!"라는 구호와 함께, 하청 노동
자와 비정규직 노동자에 대한 처우 개선을 요구하는 시민들
의 목소리도 광장에 합류했다. 깃발과 구호에는 흘린 땀만큼
정당한 대우를 받지 못하는 현실에 대한 분노, 약속을 지키
지 않는 기업에 대한 항의, 그리고 그들과 연대하고자 하는
의지가 고스란히 담겨 있었다.

　　본집회가 시작되기 전부터 광장 곳곳에서는 사전 집회들
이 이미 이어지고 있었다. '퇴진 넘어 차별 없는 세상'이라는
구호 아래 모인 전국 대학 인권단체 연대 대학생들의 집회에
서는 레즈비언 인권, 성소수자 차별 반대, 비정규직 없는 사회
를 요구하는 깃발들이 모여 있었다.

　　광장 한편에는 '나는 너네 회사 직원인데, 너는 왜 우리
사장이 아니라고 하는 거지?', '작은 회사에 일한다고 근로기
준법이 예외인가?'라는 문구가 적힌 전국민주노동조합총연
맹의 현수막이 눈길을 끌었다. 재치와 풍자가 담긴 문장들이
었지만, 그 안에 담긴 문제의식은 결코 가볍지 않았다.

　휠체어를 탄 한 장애 시민도 광장을 찾아 윤석열 탄핵을 외치며, 우리 사회가 안고 있는 구조적 모순을 자신의 목소리로 드러냈다. 그날의 광장은 겉으로 드러나지 않았던 균열과 상처, 그리고 그 너머에 놓인 삶의 진실들을 각자의 언어로 말할 수 있는 공간이었다.

　매주 열리던 주말 집회마다 잊기 어려운, 그리고 마음을 든든하게 만드는 순간들이 있었다. 그중 하나는 본집회가 끝나기 약 두 시간 전 열린 촛불집회와, 안국역에서 광화문으로 이어진 행진 대열이 합류하던 장면이었다. 촛불집회에 참

여한 시민들은 주말 오후의 대부분을 이미 광장에서 보낸 사람들이었다.

행렬의 맨 앞에는 태극기를 두른 한 여성이 홀로 걸어가고 있었다. 수백 명의 사람들이 질서정연하게 광화문을 향해 이동하는 모습을 기록할 때마다, 등줄기를 타고 전율이 흘렀다. 행진 중에는 징을 두드리며 앞장서던 한 남성도 있었는데, 그가 뿜어내는 흥과 에너지는 말로 다 전하기 어려울 정도였다. 매주 광장은 누군가의 뜨거운 손끝과 발걸음으로 살아 움직이고 있었다.

현장에 함께하지 못하는 당신과의 동행

1월 중순, 현장 영상 기록을 공유하는 유튜브 채널 〈발로 뛰는 현장스케치〉를 시작했다. 사진과 짧은 영상을 소셜미디어 스레드에 올리자, 예상보다 빠르게 공유와 반응이 이어졌다. 현장에 오고 싶었지만 여러 사정으로 함께하지 못했다는 한 사람은, 내 기록을 통해 마치 광장에 있는 듯한 기분이 들었다는 메일을 보내왔다. 그리고 며칠 뒤, 후원 계좌로 10만 원이 입금됐다.

처음에는 당황스러웠다. 소셜미디어를 통해 스쳐 지나간 인연일 뿐인데, 이런 방식의 금전 후원을 받아도 되는지 스스로에게 여러 번 질문했다. 고민 끝에 나는 감사한 마음으로 그 뜻을 받아들이기로 했다. 다만 그 돈은 기록 과정에서 필요한 진행비로만 사용하겠다고 스스로 약속했다. 그 후원금은 단순한 기부가 아니었다. 기록자로서의 책임감을 내 안에 또렷이 새기는 계기가 되었다.

그날 이후로 나는 주말뿐만 아니라 평일 집회까지 가능

한 한 빠짐없이 기록하려 애썼다. 특히 행진의 현장감을 온전히 전하기 위해, 집회가 끝난 뒤 대열의 맨 뒤에 남아 마지막 행진이 출발하는 순간을 기다렸다. 그리고 선두에 이르기까지의 전 과정을 한 번에 담기 위해 고프로를 들고 행진을 따라 걸었다.

대열의 끝에서 시작해 맨 앞까지 한 호흡으로 촬영하는 일은 생각보다 쉽지 않았고, 때로는 무모하다는 생각이 들기도 했다. 그러나 후원자가 남긴 "함께 걷고 있는 것 같았다"는 한 문장의 댓글은, 기록이라는 행위가 누군가에게 위로이자 동행이 될 수 있음을 깨닫게 해주었다.

이 글 역시 현장에 함께할 수 없었던 당신을 곁에 두고 쓰였다. 직접 오지 못했더라도, 같은 시간과 같은 방향을 함께 걷고 있다는 감각을 전하고 싶었다. 기록은 그렇게, 보이지 않는 동행을 만들어가는 일이었다.

20250208 현장스케치

희망은 힘이 쎄다! 세 번째 기록

2월 13일. '희망은 힘이 쎄다!' 기록을 위해 다시 광화문역 8번 출구로 향했다. 그날 처음으로 한국민족춤협회 이삼헌 이사장의 춤을 카메라에 담았다. 부채 위에 또렷하게 적힌 네 글자, '파면하라'. 그 한 단어가 춤의 시작이자 외침의 출발점이었다. 화려하거나 과장된 동작이 아니라, 선은 분명했고 움직임 하나하나에 응축된 힘이 느껴졌다. 손끝과 발끝의 미세한 움직임마다 내면의 에너지가 모여 있는 듯했다. 거리 위에서 펼쳐진 그 춤은 분노를 담은 하나의 선언처럼 보였다.

이삼헌 선생은 한국민족춤협회 이사장으로, 예술계에서 오랜 시간 민족춤을 추어 온 인물일 테지만, 나는 그날 처음 그를 만났다. 광장에서 몇 차례 마주쳤을 때는 말수가 적고 무뚝뚝한 인상으로 기억됐다. 그러나 이후 광장에서 자주 얼굴을 마주치며 인사를 나누게 되었고, 3월 중순 이후에는 만날 때마다 환한 웃음을 건네주었다. 한 번은 아무 말 없이 내

손을 꼭 잡아 주셨는데, 그 짧은 접촉에서 전해진 온기는 내게 큰 힘이 되었다. 광장이 아니라, 무대 위에서 춤추는 그의 모습을 꼭 한번 기록하고 싶다.

여성 트리오 '세여울'. 물방울 하나가 만들어내는 잔잔한 파장을 의미하는 '여울' 앞에, 셋을 의미하는 '세'가 붙은 이름이다. 이름 그대로, 소리는 조용했지만 깊숙이 스며들었다. 세 사람의 화음은 서로를 감싸안으며 따뜻한 울림을 만들어냈다. 그 소리는 차가운 바람 속에서 장면을 기록하고 있던 나에게도 힘이 되었고, 이곳을 잠시라도 머물고 싶은

'광장'으로 느끼게 했다. 아마도 그것이 노래의 힘일 것이다. 깊이 생각하지 않아도, 약 3분 동안 마음을 온전히 머물게 하는 힘.

20250213 희망은 힘이 쎄다 버스킹

여성트리오 세여울

풍자송의 대가! 뮤지션 백자

광장에서는 윤석열 대통령의 탄핵을 요구하는 집회가 매일 이어지는 가운데, 매주 목요일 오후 6시에는 여의도 국민의힘 당사 앞에서 '국민의힘 해체쇼'라는 이름의 집회가 열리고 있었다.

2월 13일 목요일, '희망은 힘이 쎄다' 기록을 마친 뒤 오후 6시 무렵 여의도로 향했다. 평소 알고 지내던 뮤지션 백자의 공연을 기록하기 위해서였다. 뮤지션 백자는 계엄 선포 이전부터 풍자와 해학이 담긴 노래로 시민들의 큰 호응을 받아온 음악가다.

계엄 소식이 전해졌던 날, 그는 곧바로 국회로 달려갔고 12월 4일 국회 앞에서 즉석 공연을 열었다고 했다. 수많은 무대 가운데서도 그날의 공연이 가장 인상 깊고 오래 기억에 남는 순간이었다고 그는 말했다.

여의도 국민의힘 당사 앞에서 열린 이날 공연에서 그는 김수희의 「남행열차」를 개사한 풍자곡 「윤석열차」를 불렀다. 이어진 풍자 노래 메들리 또한 웃음과 분노를 동시에 자아냈다. 지금 돌아보면, 그날 무대에서 불렸던 노랫말들은 마치 예언처럼 현실이 되었다. 거리에서 불린 노래는 그렇게, 시대를 앞서 기록하고 있었다.

20250213 뮤지션 백자 풍자송

뮤지션 백자

광장을 기록하는 시민들

2월 15일 주말 집회 현장에서는 시민사진학교 시민사진 기록단이 주최한 시민 사진 전시가 광장에서 열렸다. 시민들이 직접 기록한 사진들은 천에 인쇄되어 전시됐다. 그중에서 한 노인이 사진 앞에 한동안 멈춰 서서 오래 바라보던 장면이 특히 인상적으로 남았다.

이제 광장에서 진실을 포착하는 눈은 언론 카메라만이 아니다. 오히려 기자보다 카메라를 든 시민들이 더 많아 보였다. 시민사진학교 초대 교장이자 작가인 엄상빈 역시 광장을 기록하는 시민 중 한 사람이었다. 일본에서 615합창단 공연

을 취재하며 만났던 박종면 기자는 광장의 구석구석을 빠짐없이 사진에 담아 온 인물로, 살아 있는 증인이라 해도 과언이 아니다. 세월호 참사 희생자의 아버지 또한 광장에서 자주 마주치던 기록자 중 한 사람이다.

나는 기록이란 기술이 아니라, 이야기를 바라보는 시선이라고 생각한다. 그들은 각자의 관점으로 역사를 조용히 기록하고 있었다. 이제 기록은 더 이상 특정 전문가의 전유물이 아니다. 누구나 증인이 될 수 있고, 진실을 목격하고 남길 수 있는 시대다. 광장은 바로 그런 공간이었다.

수많은 유튜버들이 광장의 소식을 실시간으로 전했고, 시민들은 스마트폰과 DSLR 카메라로 현장을 기록했다. 그렇게 남겨진 흔적들은 대한민국 역사 속 어둡지만 따뜻한 한 페이지를 이루었다. 그리고 그 기록들은 민주주의를 파괴하는

계엄이 다시는 존재할 수 없음을 증명하고 있었다.

그 광장 안에 발로 뛰는 꼴찌PD도 그 기록의 일부였다
고 자부한다.

캠퍼스에 난입한 사람들

서울대학교

2월 17일. 서울대학교 학생들이 시국선언을 연다는 소식을 듣고 현장으로 향했다. 며칠 전, 극우 성향 사람들이 캠퍼스 내에서 일으킨 난동이 소셜미디어를 통해 퍼져서 이번 현장은 꼭 취재해야겠다고 생각했다.

오전 9시 50분쯤 현장에 도착했을 때, 탄핵을 요구하는 학생들은 분주히 움직이고 있었다. 현수막을 걸고 피켓을 준비하는 모습이 이어졌다. 그러나 오전 10시가 지나면서 분위기는 달라지기 시작했다. 집회 장소를 둘러싸고 탄핵 찬성과 반대 입장의 학생들 사이에 충돌이 발생했다. 학생들 간의 의견 충돌 자체는 있을 수 있는 일이다. 문제는 그 대치 상황에 외부인들이 개입하면서부터 시작됐다.

대학이라는 학생 공간에, 학생들의 발언 위로 개입하는 '어른들'이 있었다. 탄핵을 요구하는 시국선언이 시작되자, 방해자들은 플라스틱 나팔을 불며 소음을 일으켰다. "탄핵 무효! 명분 실종!"이라고 적힌 피켓을 들고 학생들 사이를 비집

고 들어오는 남성도 있었고, 태극기를 흔들며 발언 중인 학생을 향해 고성을 지르는 여성도 눈에 띄었다. 또 한 중년 남성은 "탄핵 집회에 왜 태극기가 없느냐"고 따지며 논점을 흐렸다. 학생들 사이의 찬반 갈등이 시작되자, 극우 성향 유튜버들은 충돌 장면을 포착하기 위해 자극적인 프레임을 찾아 움직였다. 현장은 순식간에 혼란에 빠졌다.

그 와중에도 서울대학교 민주열사들을 기리는 묵념의 순간만큼은 엄숙하고 고요했다. 소란 속에서도 그 시간은 흐트러지지 않았고, 대학이라는 공간이 지녀야 할 존엄을 또렷하게 드러내고 있었다.

탄핵을 요구하는 집회를 마친 뒤, 학생들은 '윤석열 퇴진! 쿠데타 옹호 세력 규탄!'이라는 문구가 적힌 현수막을 들고 학

교 안을 한 바퀴 돌았다. 그 과정에서 한 여성이 학생들을 향해 손가락 욕을 하면서 "꺼져! 빨갱이들아!"라는 막말을 했다.

행진을 멈추고 추가 발언이 이어지던 과정에서, 탄핵에 반대하는 한 지지자가 승합차 위에 올라 확성기를 들고 학생들을 향해 귀에 거슬릴 정도로 거친 욕설을 퍼부었다. '경찰들은 현장에서 바로 제재하거나 문제를 제기할 수 없는 걸까?'라는 생각이 스칠 정도로 거친 언행이었다.

오전 11시 20분 무렵, 상황은 더욱 혼란스러워졌다. 어디서 모였는지 알 수 없을 만큼 캠퍼스 내 보수 성향의 탄핵 반대 집회 참가자 수가 눈에 띄게 늘어났다. 학생으로 보이는 인원은 약 20명 남짓이었고, 이들은 집회의 주체라기보다는 주변에 섞여 있는 모습에 가까웠다. 보수 집회 참가자 중 한 사

람이 윤석열의 이름을 연호하자, 일부 학생들이 이를 따라 외치기도 했다. 현장에서는 구호가 뒤섞여 울려 퍼졌다. 그 장면은 이곳이 과연 대학생 집회 현장인지, 아니면 종교 단체의 집회인지 분간하기 어려울 만큼 혼란스러웠다.

탄핵에 반대하는 대학생들의 생각이 궁금했다. 그래서 탄핵 반대 발언을 하는 여학생의 이야기를 끝까지 들었다. 발언은 분명했고, 생각이 다르다는 이유만으로 그 학생을 비판할 수는 없다고 느꼈다. 그러나 이어진 말은 쉽게 이해되지 않았다.

"계엄 선포로 인해 국민의 기본권이 침해되지 않았습니다."

계엄이 선포되던 날, 수많은 시민들이 국회로 달려가 밤

늦게까지 경찰과 대치했다. 불안과 공포로 잠을 이루지 못한 사람들도 적지 않았다. 이는 명백히 아무런 정당성 없이 일상의 권리가 흔들린 순간이었다. 그럼에도 계엄이 국민의 기본권을 침해하지 않았다는 발언은, 국회 앞에 모였던 시민들의 의지와 국가에 대한 주인의식을 지우는 말처럼 들렸다.

학생의 발언이 끝나자, 태극기와 성조기를 든 보수 성향 지지자들이 '간첩', '부정선거'라는 문구가 적힌 피켓을 흔들며 환호했다.

같은 공간 안에 전혀 다른 생각으로 감정은 극단으로 치닫고 있었다. 나는 약 두 시간가량 현장을 기록한 뒤, 조용히 자리를 떠났다.

20250217 현장스케치

캠퍼스에 난입한 사람들

한국외국어대학교

서울대학교에서 탄핵 찬반 시국선언을 기록한 지 약 열흘 뒤, 이번에는 한국외국어대학교로 향했다. 서울대를 시작으로 각 대학에서 잇따라 시국선언이 이어지고 있었다. 예상대로, 현장에는 시국선언에 반대하기 위해 모인 이들도 자리하고 있었다. 현장에서 마주한 극우 성향 사람들의 행동은 서울대학교 때보다 훨씬 노골적이었다. 이미 온라인에서 잘 알려진 보수 유튜버 안○○도 모습을 드러냈고, 그로 인해 현장에는 다시 한번 팽팽한 긴장감이 감돌았다.

가장 이해하기 어려웠던 것은, 그들이 과연 무엇을 믿고

있으며 공권력 앞에서 어떻게 그렇게 확신에 찬 태도를 보일 수 있는가였다. 나는 경찰이 시민 안전을 위해 인도에 설치한 플라스틱 차단물을, 보수 성향의 한 지지자가 경찰이 지켜보는 앞에서 거칠게 철거하는 장면을 목격했다. 인도에는 차량 주정차가 제한돼 있었지만, 확성기를 장착한 봉고차를 인도 위에 버젓이 주차하는 것도 불편했다. 불편은 거기서 그치지 않았다. 차량 위에 올라선 한 인물이 확성기를 통해 의도적으로 학생들과 시민들을 자극하는 거친 발언을 쏟아내기 시작했다. 소음은 극심해, 현장에 있던 여성 경찰관들이 귀를 막아야 할 정도였다.

그날의 기록은 '표현의 자유'라는 명분을 앞세워, 폭력을 마주한 순간이었다. 소셜미디어에 공유된 사진과 영상에 많은 시민들 역시 분노를 표했다.

그 과정에서 특히 인상 깊었던 것은, 조롱과 야유를 퍼붓는 극우 성향 사람들 앞에서도 위축되지 않고 당당하게 탄핵과 파면을 외치며 민주주의를 요구하던 대학생들의 모습이었다. 청년들의 분명한 구호는 단순한 외침을 넘어, 이 시대를 살아가는 시민으로서의 민주적 태도와 책임을 보여주는 장면이었다.

고성과 조롱이 뒤섞인 혼란 속에서도 흔들리지 않았던 그들의 태도와 열정은, 현장을 가득 채운 소음보다 훨씬 깊은 울림으로 남았다. 민주주의가 어떻게 다음 세대로 건너가는지를 또렷하게 보여주고 있었다.

3·1 운동 106주년

3월 1일, 삼일절이다. 주말 집회를 기록하기 위해 평소처럼 시청역에 내린 뒤 광화문으로 향하려 했다. 그러나 시청역에 도착해 지상으로 나오자마자 상황은 예상과 달랐다. 거리에는 보수 성향 집회 참가자들이 인산인해를 이루고 있었고, 제대로 걷기조차 힘들 정도였다. 계엄령 이후 시청역 일대에서 본 것 중 가장 큰 규모의 인파였다. 방송 경력과 1인 미디어 활동을 통해 쌓인 감각과 직감이 즉각 작동했다. 평소와 달리 도보로 경복궁 집회 현장까지 이동하는 데만 30분 이상이 걸릴 것으로 판단했다. 나는 곧바로 동선을 변경했다. 다시 지하철을 타고 안국역으로 향했다. 안국역에 도착한 뒤 경복궁으로 이동하는 과정 역시 쉽지 않았다. 탄핵을 촉구하는 시민들의 인파 또한 대단히 많았기 때문이다. 지하철 출구를 빠져나오자 이미 주변 도로와 인도는 사람들로 가득 차 있었다.

오후 3시, 안국역 일대에서 시작하는 촛불행동 집회에는 평소보다 훨씬 많은 시민들이 모여들었다. 그중에서도 흰 저고리와 검은 치마를 입은 유관순 열사를 연상시키는 복장을 한 청년들이 "대한독립 만세!"를 힘차게 외쳤다. 그 외침에 주변 시민들은 박수와 함성으로 화답했고, 현장은 단순한 집회를 넘어 역사적 상징과 현재의 정치적 요구가 겹쳐지는 공간이 되었다.

이날은 안국역 1번 출구에서 열린송현 녹지광장, 광화문으로 이어지는 도로 한 개 차로 전체가 집회에 참여한 시민들로 가득 찰 만큼 많은 인파가 몰린 날이었다. 야 5당이 공동주최하는 집회가 시작되기 전, 경찰은 바리케이드를 철거하

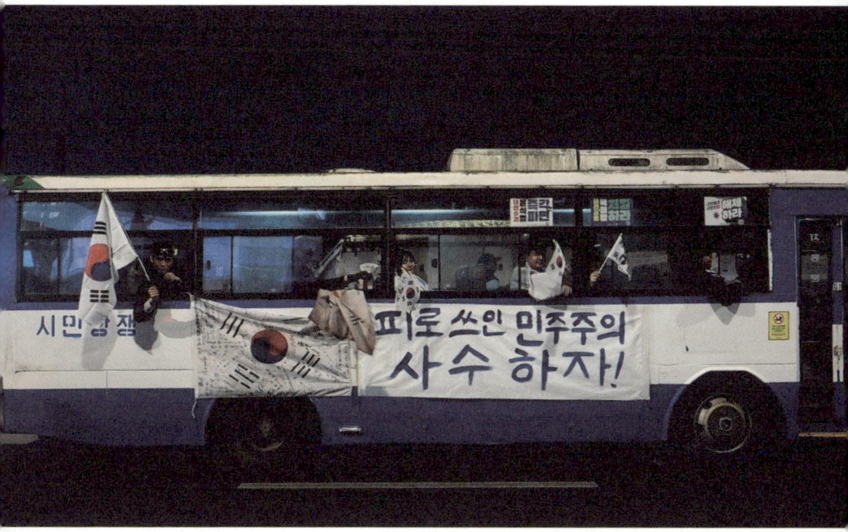

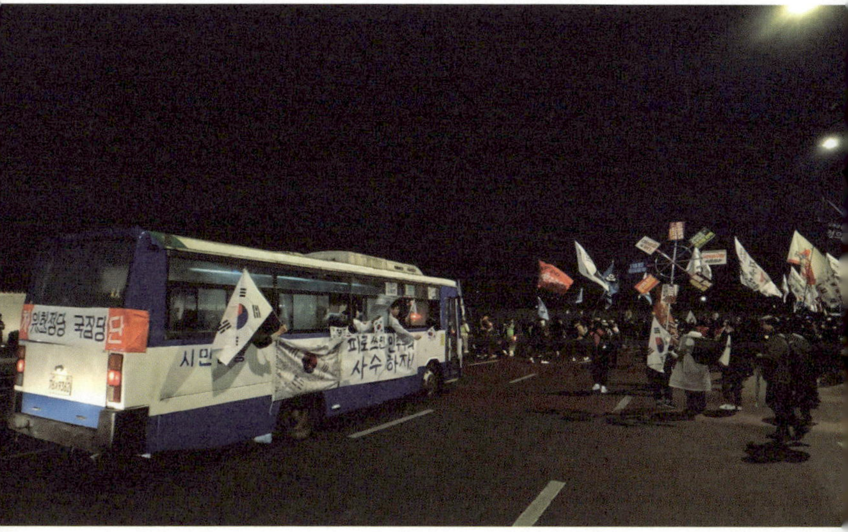

고 도로를 전면 개방했다.

비가 내리는 궂은 날씨였지만, 시민들과 정치인들은 우비에 의지한 채 도로 위에 함께 앉았다. 더불어민주당 김용만 의원이 사회를 맡은 가운데, 3·1운동 106주년을 맞은 '윤석열 대통령 탄핵 촉구 범국민대회'가 시작됐다. 사회자는 개회 발언에서 "그날의 정신을 되살려, 내란 종식과 민주헌정 수호를 위해 야 5당이 함께 이 자리에 모였습니다."라고 인사를 건넸다.

연단에 선 용혜인 의원의 모습을 보며 11년 전의 기억이 떠올랐다. 2014년 세월호 참사가 발생했을 당시, 홍대 앞에서 '가만히 있으라'라는 짧은 문구가 적힌 손피켓을 들고 침묵 행진을 하던 그의 모습이 아련하게 기억 속에 남아 있다.

149

국회의원이 된 이후에도 그는 줄곧 일관된 태도로 정의를 이야기해 왔다.

나는 오래전부터 마음으로 용혜인 의원을 응원해 왔다. 누군가가 올린 사진 속에서 아이를 품에 안은 채 집회에 참석한 그의 모습은 특히 깊은 인상을 남겼다. 일하는 엄마이자 정치인으로서, 시민들과 함께 거리에서 목소리를 내는 일이 절대 쉽지 않다는 것을 알기에, 그의 행보는 더욱 존경스럽게 다가왔다. 특정 정당이나 개인적 정치 성향을 떠나, 나는 용혜인 의원을 계속 응원할 것이다.

꼴찌들에게 희망을 노래하는 가수 강산에, 그리고 별을 품은 달팽이

이날 집회 무대에는 많은 이들에게 사랑받아 온 가수 강산에가 올라 시민들에게 노래로 선물을 전했다. 그가 부른 곡은 「넌 할 수 있어」였다. 이 노래는 집회에 모인 시민들에게 용기와 힘을 건네는 응원의 노래이자, 현장을 채운 이들에게는 하나의 '국민적 희망가'처럼 울려 퍼졌다.

기타를 치며 열정적으로 노래를 이어가던 강산에의 표정

이 순간 굳어졌다. 연주 도중 손가락에 쥐가 난 것이었다. 작은 돌발 상황이었지만, 그는 노래를 멈추지 않았다. 땀이 밴 이마 위로 인내와 집중이 고스란히 드러났고, 그 모습에서 다시 한번 '진짜 프로'의 태도를 보게 됐다. 그날 강산에의 무대는 단순한 공연을 넘어, 광장 전체에 울려 퍼진 진심 어린 응원의 노래로 오래 기억될 장면으로 남았다.

개인적인 이야기를 덧붙이자면, 내가 처음 '꼴찌닷컴'이라는 이름으로 홈페이지를 만들었을 때, 주제곡 중 하나가 바로 강산에의 「넌 할 수 있어」였다. 이 노래는 힘들고 벅찬 날이면 스스로에게 주문처럼 되뇌는 곡이기도 하다. 느리더라도, 언제나 꾸준하게. 더듬이가 한 순간도 멈추지 않는 달팽이처럼.

"느린 것은 부끄러운 것이 아니다. 포기하는 것이 부끄러운 것이다."

나는 그런 믿음을 품고 이 노래를 흥얼거리곤 했다. 그 노래는 결국 하나의 상상 속 존재를 만들어냈다. '별을 품은 달팽이'. 조금은 돌연변이처럼, 남들과는 조금 다른 모습이지만, 언제나 꿈을 품고 감정이 이끄는 대로 천천히, 멈추지 않고 이동하는 존재다. 그것은 언젠가 제대로 세상에 태어날 나의 또 다른 캐릭터이기도 하다. 그리고 오늘도 나는, 그 달팽이처럼 천천히, 그러나 멈추지 않고 다시 걸어간다.

20250301 현장스케치

구속 취소, 광장에 들끓은 분노

3월 7일 오후 5시 무렵, 속보 하나가 시민들의 기대를 산산이 깨뜨렸다.

"윤석열, 구속 취소."

속보 자막이 뜨는 순간, 나는 곧바로 경복궁 앞 광장으로 향했다. 오후 7시쯤 현장에 도착했을 때, 이미 수많은 깃발이 바람에 나부끼고 있었다.

연일 헌법재판소의 파면 결정을 기다리던 시민들에게 '구속 취소' 소식은 그야말로 믿기 힘든 청천벽력이었다. 분노와 허탈, 그리고 절박함이 뒤섞인 표정들이 평일 금요일 저녁이라는 점이 무색할 만큼 광장을 채웠다.

"즉각 항고하라!"

시민들은 목이 터져라 외쳤다. 그 외침은 단순한 구호를 넘어, 무너진 기대 위에서 다시 쌓아 올리는 마지막 호소처럼 광장에 울려 퍼지고 있었다.

이번 결정의 핵심 쟁점은 구속 기간 산정 방식이었다. 법원은 이날 이례적으로 구속 기간을 '일(日)'이 아닌 '시간' 단위로 계산했다.

현장에서 만난 민주사회를 위한 변호사모임(민변) 소속 한 변호사는 이렇게 설명했다.

"형사 실무를 고려하면, 구속 기간 만료는 보통 '날짜 기준'으로 보는 것이 일반적입니다. 이번 결정은 통상적인 형사

실무와는 다른, 매우 이례적인 해석입니다. 즉시 항고가 받아들여질 경우, 구속 취소 결정이 다시 뒤집힐 가능성도 있습니다."

그러나 이러한 법률적 쟁점과는 별개로, 윤석열은 다음 날 곧바로 석방됐다. 구속된 지 51일 만의 일이었다.

20250307 현장 스케치

광장에서 만난 사람들
인터뷰를 시작하다!

윤석열 파면이 아닌 구속 취소라는 뉴스에 경복궁 앞 광장에 모인 시민들 사이에서 분노에 가까운 실망이 번져가는 모습을 지켜보며, 나의 기록 방식에도 변화가 생겼다. 단순히 현장을 기록하는 것을 넘어, 광장에서 마주치는 한 사람 한 사람의 목소리를 직접 듣고 담아내야겠다고 마음먹었다. 그날 이후, 나의 카메라와 기록은 풍경이 아니라 사람을 향하기 시작했다.

매 집회마다 '국민이 주인이다'라는 문구가 적힌 대형 깃발을 흔들며 시민들에게 응원과 희망을 전해온 깃놀이꾼 여현수를 인터뷰했다.

그는 탈춤과 농악 등 전통 공연을 하는 사람이라고 자신을 소개했다. 그가 흔드는 깃발은 전통 풍물 공연에서 사용하는 용 그림이 그려진 깃발로, '용기(龍旗)'라고 불린다. 여기에 적힌 '국민이 주인이다'라는 문구는 서예가 김두경이 써준 것이라고 했다. 그는 시민들로부터 받는 과분한 사랑에 어떻

게 응답해야 할지 모르겠다고도 말했다. 현장에서 여현수 씨를 기록하며 내가 느낀 점도 비슷했다. 매서운 겨울 추위 속에서도 깃발을 흔드는 그의 모습은 나뿐만 아니라 많은 시민들에게 큰 에너지를 전하고 있었다.

그에게 왜 광장에 나오게 되었는지를 묻자, 그는 이야기를 과거로 돌려야 한다고 말했다. 세월호 참사 이후 박근혜 정권 퇴진 집회에 참여하면서, 세월호를 그린 깃발을 들고 처음으로 집회에 나섰다고 했다. 사회적 의제를 담은 깃발을 만든 것도 그때가 처음이었다.

그의 참여는 세월호 참사로 끝나지 않았다. 2019년 검찰개혁을 요구했던 서초동 집회 당시에는 '국민이 주인이다'

라는 문구의 깃발을 다시 제작해 촛불집회에 참여했다고 전했다.

　현장에서 여현수 씨는 짧은 휴식 시간마다 커다란 깃발로 시민들을 포근히 감싸 안는 작은 퍼포먼스를 선보였다. 그는 시민들이 자신을 아껴주고 응원해 주는 만큼, 추운 날씨 속에서 좋은 기운을 나누고 싶어 그렇게 한다고 말했다. 차가운 바람을 막아주고, 서로의 온기를 나누는 이벤트였다.

　촬영을 하며 나 역시 조금 특별한 경험을 했다. 광화문에서 안국역 촛불집회 현장으로 이동하는 여현수 씨를 따라 촬영하던 중, 깃발 끝이 내 카메라와 머리를 스쳤다. 그 순간의 감각을 말로 설명하기는 어렵지만, 이상하게도 나쁘지 않은 느낌이었다. 현장의 구석구석을 기록하겠다는 목표를 세웠던 터라, 나는 한곳에 머무르지 않고 계속 뛰어다녔다. 그 과정에서 미끄러져 허리를 삐끗하기도 했지만 다행히 큰 부상은 없었다. 가장 아찔했던 순간은 촬영 도중 줌아웃을 하다가 갑자기 렌즈가 카메라에서 분리됐을 때였다. 만약 렌즈가 바닥으로 떨어졌다면 수리비나 교체 비용이 만만치 않았을 것이다. 그때 문득, '혹시 깃발 덕분인가'라는 생각이 스쳤던 것도 사실이다. 그날 촬영은 운이 따르고 있다는 기분이 들었다.

인터뷰를 마무리하며 여현수 씨는 광장에 나온 청년들에게 고마움을 전했다. 개인이 직접 만든 깃발과 손에 쥔 응원봉을 들고 집회에 참여하는 모습이 깊은 인상을 남겼다고 했다. 가장 어두운 시기에, 각자가 가장 소중하게 여기는 것들을 들고 광장에 나오는 모습에 감명을 받았다고 전했다.

그는 마지막으로 이렇게 덧붙였다. 탄핵과 파면으로 모든 것이 끝나는 것은 아니며, 이후에도 이 나라가 제대로 설 수 있도록 끝까지 지켜보고 함께해야 한다고. 그의 말은 깃발처럼 조용히, 그러나 분명하게 광장에 남아 있었다.

20250308 여현수 님 인터뷰

시민과 함께 걷는 도보행진 출정식

더불어민주당

3월 12일. 윤석열 석방 이후, 더불어민주당은 '내란 수괴 윤석열 파면 촉구 국회의원 도보행진 출정식'을 진행했다. 국회 의사당 앞에서 출발해 광화문까지 이어진 이 행진은 단순한 정치적 퍼포먼스를 넘어, 다시 광장으로 나아가겠다는 정치적 결의에 가까웠다. 국회의원들의 얼굴에는 상황의 엄중함이 고스란히 드러나 있었다.

행진 구간은 국회의사당을 출발해 마포대교를 건너 공덕역, 애오개역, 충정로역, 서대문역을 거쳐 광화문에 이르는 약 8km 거리였다. 전체 소요 시간은 약 2시간. 긴 거리와 적지 않은 시간에도 불구하고, 이날 행진에는 더불어민주당 소속 의원들과 당직자들뿐만 아니라, 많은 시민들이 함께했다. 특히 '민주여성'이라는 문구가 적힌 파란 천과 머리띠를 착용한 20~30대 여성 시민들의 모습이 눈에 띄었고, 70~80대 고령의 시민들 역시 행진에 동참해 세대 간 연대를 보여주었다.

　시민들은 저마다의 방식으로 정치적 의사를 표현하고 있었다. 가방에 '더불어민주당 필승'이라고 적힌 띠를 두른 시민, 태극기를 목에 두른 채 걷는 시민, 이재명 후보의 얼굴이 그려진 응원봉을 들고 행진에 참여한 시민까지. 광장으로 향하는 그 길 위에는 서로 다른 방식의 지지와 염원이 겹겹이 포개져 있었다.

　행진 도중, 곳곳에서 시민들의 응원이 이어졌다. 마포역과 공덕역 인근에서 잠시 대기하는 동안, 시민들은 엄지를 치켜세우거나 행렬을 향해 가볍게 손을 흔들며 연대의 뜻을 전했다. 걷던 중 유독 눈에 띄는 한 시민과 짧은 대화를 나눴다. 그는 여러 개의 노란 풍선으로 만든 커다란 세월호 리본을 들고 행진에 참여하고 있었다. 겉보기에도 상당히 무거워 보였다. 대신 들어주고 싶다는 생각이 들 정도였다. 그러나 이야기를 나누며, 그 리본은 누구나 쉽게 들 수 있는 물건이 아니라는 것을 알게 됐다. 크기와 무게 때문에 시야 확보가 어렵고, 이동 중에도 각별한 주의가 필요하다는 것이다. 그럼에도 그는 웃음을 잃지 않았다.

"그래도 광장에서 많은 분들이 좋아해 주시고, 응원해 주셔서 힘이 납니다."

그의 말에는 무게를 견디는 팔보다 더 단단한 마음이 담겨 있는 듯했다.

백발이 성성한, 여든에 가까워 보이는 한 노인의 모습도 눈에 들어왔다. 혹시 무리가 되지는 않을지 걱정스러운 마음이 먼저 들었지만, 그는 광화문 집회에 자주 참여해 온 시민이라고 했다.

"좀 좋은 세상 물려주고 가야지. 우리가 얼마나 더 살겠소?"

짧은 말이었지만, 그 말은 오래 귓가에 남았다.

이어 그는 이렇게 덧붙였다.

"구호도 외치고, 소리도 지르면서 걷고 싶어요."

그 순간, 그의 눈빛에서는 나이를 잊은 듯한 열정이 느껴졌다. 마치 뜨거운 광장의 한복판에 선 청년처럼.

또 다른 시민은 무거운 북을 메고 행진에 참여하고 있었다. 사전 신고 문제로 구호를 외치거나 소음을 낼 수 없는 상황이어서, 그는 행진 내내 북을 두드리지 못한 채 걸어야 했다.

"몸이 근질근질했어요. 광화문에 도착해서야 비로소 북

을 칠 수 있었습니다."

그의 말에는 표현하고 싶은 마음과, 지켜야 할 조건 사이에서 참고 또 참으며 광장까지 걸어온 것이다.

광장에 도착하자, 먼저 도착해 있던 시민들은 도보 행진을 마친 국회의원들과 동행한 시민들을 따뜻한 박수와 환호로 맞이했다. 그 장면은 세월호 참사 이후 박근혜 정부 퇴진을 요구하며 이어졌던 도보 행진의 기억을 떠올리게 했다. 같은 구간, 11년이라는 시간이 흘렀을 뿐이었다.

시간은 마치 뫼비우스의 띠처럼 반복되는 것만 같았다. 그리고 나는, 이 길이 다시는 반복되어서는 안 되는 길이라는 생각을 떨칠 수 없었다.

20250312 도보행진

부산 지역 대학생들의 연대 단식 농성

더불어민주당의 도보 행진을 마친 뒤 광화문 광장에 마련된 천막 농성장에 도착했을 때, 나는 텐트를 치고 있는 젊은 대학생들을 마주했다. 부산에서 올라왔다는 이들은 윤석열 대통령 구속 취소 소식을 접하고 큰 분노를 느꼈다고 했다. 비상행동 공동의장단의 단식 소식을 들은 뒤, 부산 지역에서도 광장 집회를 더 알리고 참여할 방법을 고민하다가, 친구들과 함께 단식에 동참하기로 결심했다고 했다. 말은 차분했지만, 그 선택에는 절대 가볍지 않은 각오가 담겨 있었다.

이 학생들에게 유독 마음이 더 쓰였던 이유는, 나 역시 비

숫한 또래의 딸을 키우는 아버지이기 때문이다. 많은 시민들 역시 그 학생들의 1인용 천막 앞에서 발걸음을 멈추고, 안타깝고 무거운 시선으로 그들을 바라보고 있었다. 그 작은 천막은 그날 광장에서, 가장 조용하지만 가장 큰 질문을 던지고 있는 공간처럼 보였다.

"학생들이 공부해야 하는데, 멀리서 올라와 단식 농성까지 한다니까 안타까워서…"

잠시 학생을 바라보던 한 중년 여성 시민이 먼저 말을 꺼냈다. 그는 평소에는 광화문에 잘 나오지 않는다고 했다. 그러나 뉴스에서 윤석열 석방 소식을 접한 뒤, 분노를 참지 못하고 광장으로 나왔다고 했다. 그는 특히 '법치가 무너졌다'는 점에 분노하고 있었다. 서민들은 작은 법도 다 지키려고 노력하는데, 가장 위에서 법을 지켜야 하는 대통령이 헌법을 무시하고, 대행까지 헌법재판관 임명을 거부하는 행태에 거듭 분노한다고 밝혔다. 그의 말에는 분노와 허탈, 그리고 무력감이 함께 섞여 있었다. 법을 지키며 살아온 평범한 시민의 감정이, 그날 광장에서 또 하나의 목소리로 더해지고 있었다.

20250312 부산 지역 대학생들의 단식 농성

예술인들의 분노!

문화 예술인 시국선언

"예술인들이 길거리에 나와 있습니다! 예술인들이 서야

할 곳은 작업실이요. 무대입니다!"

- 강욱천 한국민예총 사무총장

윤석열 구속 취소 소식 이후, 광장의 흐름은 날마다 새로

운 국면으로 접어들었다. 3월 13일에는 문화예술인들의 시

국선언을 시작으로, 영화인들의 시국선언이 이어졌고, 다양

한 문화예술인들의 예술 행동이 잇따르며 연대의 외침은 점

점 더 커졌다.

세월호 참사 이후 박근혜 정부 탄핵 국면 당시에도 광화문에는 예술가들이 천막을 치고 예술 행동을 이어갔다. 그들 가운데 일부는 이른바 '문화계 블랙리스트'에 오르는 피해를 겪기도 했다. 그때 광장에서 모습을 보였던 시인 송경동 역시, 이번에도 다시 같은 자리에서 단식을 이어가고 있었다. 오랜 시간이 흘렀지만, 같은 장소에서 다시 단식에 나선 예술가의 모습을 바라보며, 감정은 연민을 넘어 분노로까지 번져갔다.

이날 한국작가회의, 한국영화 위기극복 영화인연대, 한국민족예술단체총연합, 문화연대 등 여러 문화·예술 단체 소속 인사들은 잇따라 시국선언 연대 발언을 이어갔다.

한국민족예술단체총연합 강욱천 사무총장은 이날 시국 발언에서 강한 어조로 목소리를 높였다.

"12·3 계엄령 이후, 한국민예총 소속 예술인들은 거리의 춤꾼이 되었고, 거리의 노래꾼이 되었고, 거리의 연기자가 되었습니다! 더 이상 헌정 질서를 유린하거나 중단시키는 내란 음모를 중단하라!"

그는 내란 세력과 이를 비호하는 정치 세력, 극우 세력을 향해 공개적으로 경고하며 외쳤다.

"거리의 예술가들은 더 이상 묵과하지 않을 것입니다. 헌정 질서가 회복될 때까지, 윤석열이 파면될 때까지 우리는 끝까지 투쟁할 것입니다. 헌법재판소는 즉각 윤석열을 파면하라!"

바로 다음날은 영화인 시국선언 기자회견이 이어졌다.

시민은 극장으로! 윤석열은 감옥으로!

"영화인들에게는 아직도 이전 정권 블랙리스트의 상처가 깊게 남아 있습니다."

영화인 시국선언 기자회견의 사회를 맡은 한국독립영화 협회의 백재호 감독은 말을 마치고 곧바로 구호를 선창했다.

"영화인이 요구한다! 헌법재판소는 내란 수괴 윤석열을 즉각 파면하라!"

그는 영화인의 언어로 참담한 현실을 풀어냈다.

"개연성이 없어도 이렇게까지 없는, 엉터리 시나리오로 계엄령이 선포됐고, 우리가 가졌던 희망은 무참히 편집되었습니다!"

'시나리오'와 '편집'이라는 영화적 표현으로 현실을 고발하는 선언이었다. 백 감독은 이어 영화인들의 결연한 행동을 전했다.

"그 즉시, 영화인들은 카메라를 들고 국회로, 여의도로, 한남동으로, 남태령으로, 그리고 지금 이곳 광화문으로 나

섰습니다. 지금 이 자리에도 카메라를 들고 있는 영화인들이 많이 계십니다."

그날 광화문 광장에는 실제로 카메라를 든 다큐멘터리 감독들과 영화인들의 모습이 곳곳에서 보였다. 나 역시 한국 독립영화협회 다큐멘터리 분과의 일원으로서, 이 현장을 특별한 마음으로 바라보고 있었다. 현장에서는 영화 《말아톤》을 연출한 정윤철 감독이 직접 카메라를 들고 기록에 나서고 있었다. 광장에서는 역사를 기록하는 렌즈들이 동시에 돌아가고 있었고, 광장은 단순한 집회 현장을 넘어, 살아 있는 다큐멘터리의 현장 그 자체였다.

"윤석열과 그 일당에게 경고합니다. 당신들의 악행은 언

젠가 반드시 영화가 될 것입니다. 그 영화는 우리에게는 해피
엔딩, 당신들에게는 새드엔딩 영화일 것입니다. 그리고 그 영
화는 영원히 반복되어 극장에서 상영될 것입니다."

백재호 감독의 마이크는 곧 영화 《애비 규환》을 연출한
최하나 감독에게로 넘어갔다. 잠시 개인적인 이야기를 덧붙
이자면, 광장에서 최하나 감독을 보았을 때 유독 반가웠던
이유는 《애비 규환》의 메이킹 필름을 맡아 작업했던 인연이
있기 때문이다.

최하나 감독은 누구보다도 집회 현장에 적극적으로 참여
해 온 인물로 알려져 있다. 최하나 감독은 광화문뿐만 아니
라 남태령 현장에서도 밤을 지샜다고 한다. 내가 책을 집필하

는 과정에서 제작했던 다큐멘터리의 편집 과정에서는 남태령 촬영 화면을 협조해 주기도 했다.

"12.3 내란 이후 꾸준히 집회에 참여하면서 광장에서 눈에 담은 풍경들을 나중에 어떻게 영화로 옮길 수 있을지를 종종 상상합니다. 동이 틀 때 연보랏빛으로 물든 남태령의 하늘과 트랙터들의 행렬을. 항상 경찰들에 강제로 연행되던 장애인 시민들이 지하철 플랫폼을 가득 메운 시민들의 연대로 무사히 출근길 선전전을 마친 날을, 세종호텔이 있는 명동 대로를 가득 메운 응원봉이 고공농성 중인 해고 노동자를 응원하며 노래를 부르던 순간의 감동을, 이 사회의 주변부에 흩어져 있던 사람들이 광장에 모여 서로를 발견하고 서

로를 환대하고 목소리에 귀 기울이는 장면들은 그 자체로 영화 같았습니다."

최하나 감독의 발언 자체가 하나의 생생한 다큐멘터리처럼 느껴졌다. 광장에서 기록하고, 연대하고, 울고 웃고 느끼며 새긴 기억들은 분명 머지않아 최하나 감독만의 연출로 대한민국 역사에 새겨질 영화로 탄생할 것이라 믿는다. 나는 그 작업을 진심으로 응원할 것이다.

영화인 시국선언에서 오랫동안 잊지 못할 장면이 하나 있다. 바로 이창동 감독의 영화 《시》를 제작한 나우필름의 이준동 대표가 발언하던 순간이다.

"한국 영화가 전 세계적으로 주목받고, 심지어 할리우드에서도 제게 그런 질문을 자주 합니다. 한국 영화의 힘은 도대체 어디서 나오는 거냐고? 그럴 때 제가 늘 답하는 게 두 가지가 있습니다. 하나는 시나리오의 힘이고, 다른 하나는 어떤 상업적인 영화감독이더라도 자신의 영화 속에 당대의 현실을 녹여 내려는 태도가 있다는 것입니다. 그 안에서 깊이가 생긴다고 답변하곤 합니다."

이준동 대표는 12월 3일을 언급하며, 터무니없는 이유로 계엄을 선포한 대통령이 등장했고 지금의 한국 사회를 50년 전으로 되돌리려는, 말도 안 되는 시도였고 더 놀라운 설정은 법원과 검찰이 윤석열을 석방한 사실이라고 냉정한 어조로 지적했다.

그 발언을 이어가는 동안, 이준동 대표의 목소리와 몸에는 분노가 고스란히 실려 있었다. 나는 그의 미세한 떨림을 보며, 그 감정에 자연스럽게 동화되었다.

12월 3일 계엄 소식을 듣고 국회 앞으로 달려간 그는 시민들의 모습을 보면서 계엄군이 총을 쏘더라도 시민들은 흩어지지 않을 것이라는 확신이 들었다고 말했다. 그 순간, 이 계엄이 결코 성공할 수 없겠다고 직감했다고 한다.

설령 윤석열이 탄핵되지 않는다 하더라도, 이 시민들이

결국 이 계엄을 막아내고 광장에서 민주주의를 지켜 낼 것이라고 그는 확신했다. 그 과정에서 희생이 따르더라도 시민들은 물러서지 않을 것이며, 영화인들 역시 광장에서 시민들과 함께 싸우며 대한민국의 민주주의를 끝까지 지켜 낼 것이라고 그는 힘주어 말했다.

영화인들의 분노는 반드시 그들의 이야기로 재해석되고 재탄생 될 것이다. 은유적 서사를 담은 상업영화로, 때로는 생생한 현장 기록에 기반한 르포 다큐멘터리로. 광장에서 터져 나온 감정과 사건들은, 결국 스크린 위에서 다시 해석되고 기록될 것이다.

영화인 시국선언의 마지막 구호를 힘차게 외쳤다.

"시민은 극장으로! 윤석열은 감옥으로!!"

3월, 폭설 맞은 광화문 광장

3월 18일. 새벽부터 폭설이 쏟아졌다. 3월 중순의 폭설이라니. 문득 한 생각이 스쳤다.

'괜찮을까?'

불과 일주일 전, 광장에서 만났던 부산 지역 대학생들이 떠올랐다. 딸 또래의 아이들이라 걱정은 더 커졌다. 딸은 따뜻한 방에서 잠들어 있는데 그 아이들은 이 눈 속에서 어떻게 밤을 났을까.

나는 카메라를 집어 들고 곧바로 광화문으로 향했다. 오전 7시쯤 광화문 천막 농성장에 도착했을 때, 학생들의 텐트는 조용했다. 인근 천막에서 밤을 지새운 농성자들은 빗자루와 쓰레받기를 들고, 텐트 주변에 쌓인 눈을 분주히 치우고 있었다.

단식 11째째. 여러 단체와 활동가들은 여전히 천막을 지키며 농성을 이어가고 있었다. 윤석열은 이미 석방돼 따뜻한 관저에서 지내고 있을 텐데, 왜 이들은 차가운 바닥 위에서

단식까지 해야만 하는가.

천막 앞에는 한 학생이 서 있었다. 지난주에 만났던 부산 지역 대학생은 아니었다. 당시 만났던 학생들은 나흘간 단식을 이어간 뒤 부산으로 내려갔고, 그 뒤를 이어 다른 학생들이 단식을 이어가고 있다고 했다.

나는 잠은 좀 잤냐는 질문조차 쉽게 나오지 않았다. 밤새 폭설이 내린 추운 날씨에, 제대로 잤을 리가 없잖은가?

"솔직히 말하면 중간중간 깼습니다. 춥기도 하고 계속 텐트 천장에서 소리가 나더라고요."

솔직담백한 대답에 묻어난 추위와 피로가 고스란히 전해졌다.

현장에는 이른바 기성 언론의 카메라는 보이지 않았다. AP통신 외신 기자와 민중의소리 기자만이 학생들을 취재하고 있었다. 민중의소리 기자는 휴대전화로 학생들의 텐트 안을 촬영했고, 외신 기자는 텐트에서 얼굴을 내민 학생들에게 미소를 지으며 "굿모닝!"이라고 인사를 건네며 셔터를 눌렀다. 그 모습이 불편했다. 나의 감정과는 달리, 학생들은 아무 일도 아니라는 듯 기자들을 맞이하며, 광장의 상황과 소식을 더 널리 알리고 싶어 했다. 예상보다 훨씬 단단한 청년들 앞에서, 오히려 내 오지랖과 노파심이었다고 이내 깨달았다.

학생들은 나무 막대로 텐트 주변에 쌓인 눈 위에 글자를 새기고 있었다.

'파면'

눈 위에 또렷하게 새겨진 두 글자는, 그 어떤 구호보다도 선명하게 눈에 들어왔다.

학생들은 시민들과 함께 눈사람도 만들었다. 한 학생은 격려하고 응원하는 시민들 덕분에 단식 농성은 힘들지 않다고 했다. 그래, 이게 청춘이구나 싶었다.

하얗게 뒤덮인 세상을 바라보며 텐트 밖으로 고개를 내밀고 놀란 듯 웃던 그 청년의 얼굴은, 한편으로는 귀엽고, 또

한편으로는 가슴이 저릴 만큼 슬펐다. 그 웃음은 밝았지만, 그 자리가 품고 있는 무게는 가볍지 않았다.

20250318 3월, 폭설 맞은 광화문 현장

세월호 기억의 공간,
존치 약속을 지키라고 노래로 말하는 사람들

3월 18일 아침, 폭설 속의 광화문 풍경을 기록한 뒤, 그날 오후 나는 '희망은 힘이 쎄다!' 버스킹 공연이 열리는 광화문 8번 출구로 향했다. 이날의 목적은 공연 자체를 기록하는 것이 아니라, 「청계천 8가」를 부른 손현숙 선배의 행보를 따라가는 것이었다. 손현숙 선배는 매주 화요일이면 공연의 첫 순서를 맡는 이유가 있었다.

눈 내리는 거리에서의 공연은 분명 힘겨워 보였지만, 동시에 깊은 울림과 감동을 전했다. 시민들을 위로하겠다는 마음으로 시작한 공연은 어느덧 40회를 넘겼다.

　2월이면 끝날 것이라 여겼던 상황이 길어지면서, 음악가들 역시 점점 지쳐가고 있었다.

　공연을 마친 손현숙 선배는 곧바로 발걸음을 재촉했다. 향한 곳은 시청 방향이었다. 세월호 기억공간 앞에서 또 다른 공연이 예정되어 있었기 때문이다. 12시 30분쯤 시청 본관 앞에 도착했다. 그곳에 세월호 기억공간이 있다는 사실을 나는 그날 처음 알았다. 그 공간이 있다는 것뿐 아니라, 그 앞에서 3년째 노래를 이어오고 있는 예술가들이 있다는 사실도 처음 알게 됐다.

　첫 촬영은 늘 조심스럽다. 공연을 방해하지 않기 위해, 마치 존재하지 않는 사람처럼 조심스럽게 카메라를 들었다. 촬

민중가수 손현숙

영 중에 손현숙 선배와는 몇 차례 인사를 나눴지만, 현장에서 안계섭 씨와 인사를 나눈 것은 그날이 처음이었다.

서울시장이 바뀌면서 세월호 기억공간의 계약 문제를 둘러싼 갈등이 불거졌다. 보존하겠다는 약속은 뒤집혔고, 결국 철거 명령까지 내려졌다. 문화노동자라고 자신을 소개한 안계섭은 지난 9년 넘게 매주 주말, 대학로 마로니에공원에서 세월호 리본을 무료로 나누며 기억 활동을 이어오고 있다. 그날 현장에서 그들은 세월호 기억공간을 지켜 달라는 호소를 담아, 서울시의회와 시의원들을 향해 약속을 지키라고 노래하고 있었다.

문화노동자 안계섭

파면이 예술이다!

여전히 헌재의 파면 선고일이 확정되지 않았다.

시민들의 화살은 헌재로 향하고 있다.

3월 22일. 본집회 시작 전 흥겨운 풍물패의 길놀이가 있었다. 경기민예총 소속 예술인들이 한 판 난장을 벌인 것이다. 길놀이를 시작으로, 꽹과리와 나발, 북소리가 이어지자 광장은 순식간에 흥으로 채워졌다. 시민들은 그저 앉아서 지켜보지 않았다. 풍물패와 함께 어울리며, 마치 대동마당이 열린 듯한 분위기가 되었다.

"파면이 예술이다!"

한국민예총 이씬 사무국장은 짧고 분명한 구호를 외쳤다. 그는 탄핵 정국 속에서 가장 분주하게 움직이고 있는 인물 중 한 사람이었다. 평일 점심시간마다 광화문에서 '희망은 힘이 쎄다' 버스킹을 준비하고 진행하며, 현장을 지켜왔다. 동시에 그는 윤석열 퇴진을 촉구하는 예술행동의 최전선에서 활동

가로서도 앞장서고 있었다. 이날은 문화예술인 난장의 사회
를 맡아 구호를 우렁차게 외쳤다.

탈을 쓴 망나니가 칼춤을 추고, 흰 소복을 입은 여인이 향
을 올린다. 예술에 대한 전문 지식이 없는 꼴찌PD로서는 다
소 낯설고 쉽게 이해하기 어려운 퍼포먼스였다. 그러나 분명
한 것은, 예술가들이 분노를 예술로, 분노를 흥으로 풀어내는
그 행위 자체가 대한민국의 안녕을 기원하고 염원하는 몸사
위라고 생각했다.

고경일 서울민예총 이사장은 예술가의 역할과 예술의 힘
에 대해 이야기했다. 그는 예술가야말로 대한민국의 권력을
끝까지 감시하고 견인해야 할 책임이 있으며, 한겨울의 거리

에서 가장 먼저 목소리를 내고 더 나은 세상을 꿈꾸는 이들

또한 예술가들이라고 힘주어 말했다. 그의 발언은 예술이 단

순한 표현을 넘어, 시대의 감시자이자 변화의 동력이 되어야

한다는 선언처럼 들렸다.

광장을 가득 채운 예술의 울림

3월 29일은 윤석열 퇴진을 촉구하는 두 번째 문화예술 행동이 열린 날이었다. '민주주의'라고 적힌 흰 천을 두르고 무대에 오른 이삼헌 선생의 공연은 언제나 그렇듯 열정적이었다. 그의 몸짓을 바라보며 나는 다시 한번 춤의 힘을 실감했다. 그것은 흥이나 기술을 넘어, 민주주의를 향한 열망과 영혼이 고스란히 담긴 몸의 언어였다.

영화인 최낙용은 광장을 기록하다가 인사를 나눈 분이
다. 그는 예술가 텐트 농성과 단식에도 참여했던 터라, 문화
예술 행동 현장에서 발언에 나선 그의 모습을 보며 나는 건
강이 먼저 걱정되었다.

"들리십니까? 시민 여러분, 들리십니까?"

그의 목소리는 생각보다 크고 또렷했다. 무엇보다 무사
해 보여 다행이라는 생각이 먼저 들었다. 최낙용 대표의 발
언을 기록하던 중, 이유를 알 수 없는 눈물이 갑자기 차올랐
다. 헌법재판관 여덟 명의 이름을 한 사람씩 호명하는 목소리
에는 간절함이 담겨있었다. 하루빨리 선고기일이 확정되고,
시민들이 다시 일상으로 돌아가야 한다. 광장에서 단식을 견
뎌낸 사람에게서 나오는 그 힘은 도대체 어디서 비롯되는 것
일까. 그런 생각을 하다 보니, 어느새 눈물이 흐르고 있었다.

광장은 감정을 숨길 수 없게 만드는 공간이다.

한국 민예총 풍물굿위원회 위원장 이성호는 신나게 꽹과리를 치며 소리를 쏟아냈다. 그러나 그 말들은 대본처럼 짜인 대사가 아니었다. 즉흥적으로 터져 나오는, 살아 있는 소리였다. 예로부터 풍물패 광대들이 관아의 권력자들을 희화화하고 풍자할 때 이렇게 신명 나게 흥을 내면서 웃음과 비난을 쏟아냈을 것이다.

20250329 파면 굿

길 위에 쓴 염원

평일, 주말 구분 없이 광장에는 매일 집회가 열렸고,

시민들은 모였다.

정의구현사제단의 줄탁동시

3월의 마지막 날, 안국역 송현광장에서는 천주교정의구현사제단의 시국미사가 열렸다. 자연스럽게 세월호 참사 이후의 광장이 떠올랐다. 그때 한 수녀가 시국미사에 참석한 시민들에게 '줄탁동시'에 대해 이야기했던 장면이 지금도 또렷하다.

줄탁동시란, 병아리가 알을 깨고 나오기 위해 안에서 쫄때, 어미가 밖에서 함께 알을 쳐 주어야 한다는 뜻이다. 안과 밖이 동시에 움직여야 새로운 생명이 세상으로 나온다는 의미다.

"지금은 우리가 서로 격려하는 일이 필요한 때입니다. 긴 싸움을 해왔으니, 또 앞으로도 긴 싸움을 할 것 같으니까 지칠 수 있습니다. 피곤해질 수 있습니다. 그럴 때마다 어깨 두드려 주고 손잡아 주고 힘내라고 소리칩시다. 힘들어도 피곤해도 지쳐도 잠이 와도 내일 또 이 집회에 나와야 합니다. 그

래야 우리가 반드시 이길 수 있습니다. 질긴 놈이 이깁니다. 끈질기게 끝까지 가야 이깁니다."

광장에서는 큰 박수가 터져 나왔다.

"그러기 위해서는 함께 가는 게 필요합니다. 함께 한다는 건 비를 함께 맞는 것입니다. 우산을 받쳐 주는 게 아니라, 함께 비를 맞고 비에 함께 젖는 겁니다."

신부님이 구호를 외치셨다.

"헌법재판소는 윤석열을 파면하라!"

정의에는 중립이 없다!

파면 선고일 확정

철야 농성에 나선 시민들

마침내 4월 4일. 파면 선고기일이 확정됐다. 일부 시민들은 헌법재판관 전원 일치, 8대 0 파면을 예상했다. 반면 일부 언론에서는 보수 성향이 강한 재판관 3명이 반대표로 기각 결정이 내려질 수도 있다는 예측을 하기도 했다.

차가운 바닥 위에서 침낭에 몸을 웅크린 채 잠든 시민들의 모습을 보자, 안쓰러움과 분노가 치밀었다. 계엄은 사람들의 일상을 무너뜨려 놓았다.

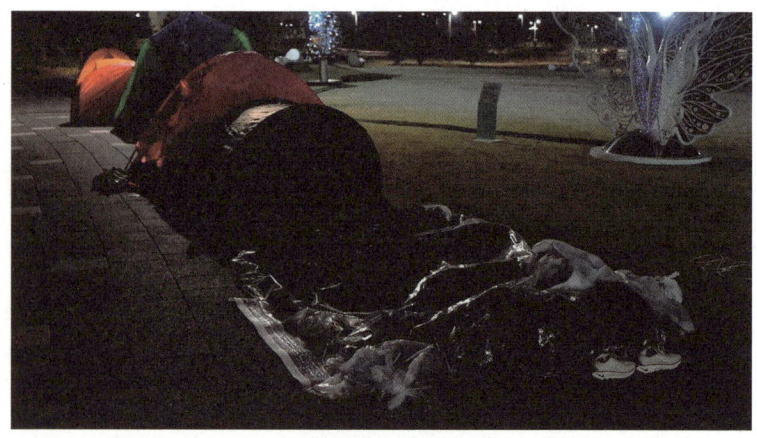

　　4월 2일 자정을 넘긴 시간, 음악인 손현숙은 「청계천 8
가」를 불렀다.

　　"산다는 것이 얼마나 위대한가를

　　비참한 우리 가난한 사랑을 위하여

　　끈질긴 우리의 삶을 위하여~"

　　그 노래는 밤을 지새우는 시민들에게 깊은 위로가 되었
다.

　　폭설이 내리던 아침에 만났던 부산 지역 대학생들은 이후
철야 농성에도 참여했다. 정말 반가웠고, 대견했다. 결코 쉬운
선택이 아니었을 텐데, 부산에서 서울까지 올라와 밤을 새우

며 광장을 지킨 그 열정은 진심으로 대단했다.

단식 기간에는 행진에 직접 참여하지 못했지만, 행진을 마치고 돌아온 시민들이 단식 텐트를 찾아와 격려하고 응원해 주는 모습에 깊이 감명받았고, 심지어 자신들의 팬층까지 생겼다며 즐거워했다.

매일 단식을 이어가며 눈에 띄게 수척해진 시인 송경동도 만났다. 몇 차례 인사를 나눈 터라, 이제는 서로 얼굴을 알아보는 사이가 되었다. 나는 조심스럽게 그의 건강을 물었다. 아직 완전히 회복되지는 않았지만, 그럼에도 철야 농성에는 나와야겠다는 마음이 들었다고 했다.

세월호 참사 이후 한 달 넘게 광장에서 생활했던 그는, 이제 자신과 같은 처지로 안국역 일대에 텐트를 치고 투쟁하는 농성자들을 말없이 안쓰러운 눈길로 바라보고 있었다.

기억해야 한다. 계엄에 분노한 시민들, 내란에 분노한 시민들의 투쟁이 있었다는 걸.

새벽 4시 무렵, 말 그대로 달밤에 체조하기 시작했다. 몸을 풀어야 할 시간이 되자, 집회 관계자가 무대에 올라 신나는 음악과 율동에 맞춰 달밤의 체조를 이끌었다. 하품을 하면서도 몸을 움직이며 잠을 쫓는 시민들의 모습이 눈에 들어왔다. 서로를 의지하며 같은 동작을 반복하는 모습 속에서,

연대라는 말의 실체가 보이는 듯했다.

　파면 전야 밤샘 농성장에서 만난 노갈.

　가수 장사익의 「찔레꽃」을 불렀다. 노갈은 이 노래가 자신에게 벽이었다고 했다. 그러나 밤샘 농성하는 시민들 앞에서 그 벽을 함께 넘고 싶었다고 했다. 결국 음이탈로 민망한 순간도 있었지만, 그 실수를 현장의 시민들은 비웃지 않았다. 오히려 뜨거운 박수로 응원해 주었다. 지금 떠올려도 밤샘 농성 현장은 놓치고 싶지 않은 순간들이 많다.

　집회를 기록하며 현장을 오가면서, 푸드트럭 음식은 광

장에 나온 시민들을 위한 것이라 생각해서 일부러 먹지 않았
다. 이날 밤새우면서는 꽤 신세를 많이 졌다.

　그때 한 시민이 나를 텐트 옆으로 데려가, 천막에 새겨지
고 붙어 있는 글에 대해 보여주었다. 20~30대 여성들이 보
내온 감사의 편지들이었다. 그 순간, 나는 다시 느꼈다. 광장
은 단순한 집회 장소가 아니라, 사람과 사람이 이어지는 공
간이라는 것을.

　꾸벅꾸벅, 비틀비틀. 졸고 있는 한 카메라맨이 눈에 들어
왔다. 카메라는 삼각대에 단단히 고정되어 있었지만, 그 무게
를 버티고 있는 허리와 다리는 이미 한계에 가까워 보였다. 고

개를 흔들며 잠과 싸우는 그의 모습을 지켜보다가, 나도 모르게 꼭 안아 주고 싶다는 생각이 들었다. 몇 시간만 지나면, 이 자리에서 모두가 웃을 수 있을 거라고 간절하게 빌었다.

새벽 5시 무렵, 광장은 잠시 소란스러워졌다. 보수 집회 지지자로 보이는 한 인물이 밤새 농성 중이던 시민들을 휴대 전화로 아주 가까이서 촬영하다가 항의를 받았다. 잠시 언성이 높아졌다. 그는 사과하는 대신, "내가 뭘 잘못했냐"며 되레 목소리를 높였고, "민주 진영이 더 이상하다"는 말까지 서슴지 않았다.

긴장이 감도는 순간, 현장에 있던 민변 소속 변호사들이

조용히 다가와 상황을 정리했다. 다행히 큰 충돌로 번지지는 않았지만, 새벽의 공기에는 피로와 낮아진 체온, 그리고 설명하기 어려운 묘한 긴장이 겹쳐 있었다.

이제 정말 몇 시간만 남겨두고 있었다. 누군가는 새벽을 지켜보고 있었고, 누군가는 아침을 준비하고 있었다. 결정의 시간은 점점 가까워지고 있었다.

광화문 광장에서, 한강진 관저 앞 집회 현장에서, 행진 현장에서, 그리고 탄핵 선고 전야의 철야 농성까지. 다큐멘터리 사진기자 박종면은 언제나 카메라로 역사를 기록하고 있었다. 언젠가 먼 훗날, 그가 남긴 사진들은 또 하나의 한국 현

대사를 다음 세대에게 전해 줄 것이다.

　칠흑 같은 어둠 속에서 노란빛을 발했던 세월호 대리본.
　별이 된 아이들도 오늘 밤 같은 마음으로 간절히 바라보
고 있지는 않을까 하는 생각이 스쳐 지나갔다.

파면 선고! 국민이 주인이다

드디어 파면 선고일.

안국역 철야 농성장에서 밤을 지새웠다. 첫차가 운행을 시작하자, 집에 들러 급히 샤워를 하고 고프로 배터리를 챙긴 뒤 다시 현장으로 향했다. 오전 9시 20분쯤, 다시 광장에 도착했다.

현장 전광판에는 '재판관 속속 도착'이라는 자막과 함께 헌법재판소의 실시간 상황이 중계되고 있었다. 많은 취재진이 몰려 있었고, 집회를 진행하던 사회자의 마이크 음성에서도 현장의 팽팽한 긴장이 고스란히 전해졌다. 공연 일정으로 누구보다 바쁠 텐데도, 깃발대장 여현수는 이날도 역사의 현장에 서 있었다. 그의 손에는 언제나처럼 '국민이 주인이다'라고 적힌 깃발이 들려 있었다. 잠시 이야기를 나누는 동안에도, 지나가던 시민들이 그에게 그동안 수고 많았다는 격려의 말을 건넸다.

여현수 대장이 나에게 물었다.

"오늘, 잘 되겠죠?"

나는 짧게 대답했다.

"오늘은, '국민이 주인이다'라는 말을 증명해 주겠죠."

여현수는 '국민이 주인이다'라고 적힌 깃발을 힘차게 휘둘렀다. 마침, 광장에서는 「임을 위한 행진곡」이 울려 퍼지고 있었다.

"세월은 흘러가도 산천은 안다! 깨어 일어나 외쳐라!"

그 가사에 맞춰 하늘을 가르듯 휘날리는 깃발은, 그 어느 날보다도 더 장엄해 보였다.

이른 아침부터 깃발을 들고나와 광장을 채우는 기수들의 모습도 눈부시게 아름다웠다.

한 시민이 먼저 주문처럼 문장을 적어 내려갔다. 파란 분
필로 쓰인 글자였다.

'주문!'

그리고 아스팔트 위에 또렷이 새겨진 문장.

'피청구인 대통령 윤석열을 파면한다!'

나 역시 마음속으로 같은 주문을 외웠다. 모든 것이, 우리
가 바라는 방향으로 흘러가기를.

　광장에는 「바위처럼」이 흘러나왔다. 대학생들은 음악에 맞춰 율동을 했고, 한 외신 기자는 대학생과 인터뷰를 진행하고 있었다. 파면 선고일을 취재하기 위해 세계 여러 나라에서 온 외신 기자들의 모습도 곳곳에서 눈에 띄었다.

'고양이 발바닥 연구회' 깃발이 눈에 띄었다. 밤샘 농성장에 작은 텐트 하나와 매트를 깔고 이웃 기수들과 함께 밤을 지새웠던 터라 그새 정이 들었다. 몇 시간 사이 수염도 제법 자라 있었다. 광장에서 깃발을 드는 일은 누구나 할 수 있는 일처럼 보이지만, 사실은 누구나 할 수 없는 열정의 영역이다.

"긴장되세요?" 하고 묻자, 그는 고개를 저었다.

"결과는 뻔하잖아요. 파면될 거예요."

그 말에는 흔들림이 없었다. 그리고 그의 손에 들린 깃발은, 그 믿음만큼이나 더 힘차게 펄럭이고 있었다.

현장에서 반가운 얼굴을 만났다. 2월 17일, 서울대학교 학생들이 주최한 탄핵 촉구 규탄 집회에서 인상적인 연대 발언을 했던 연세대학교 학생이었다. 그날 광화문 광장에서 이어졌던 자유 발언의 풍경도 함께 떠올랐다. 하지만 지금 그의 표정은 그때와는 사뭇 달랐다. 집회 연단에서 보여주었던 단호함과 결연함을 잠시 내려놓은 채, 그는 부드러운 미소를 머금고 있었다.

"우리 사회의 구조가 바뀌지 않으면 계속 내란 상태가 이어질 거라고 생각하는데, 일단은 내란 종식이 됐으면 좋겠습니다"

그는 마지막에 웃으며 이렇게 덧붙였다.

"이제는 맘 편하게 공부에만 집중하고 싶어요."

잠시 이야기를 나누며 생각했다. 이런 밝고 건강한 청년이 일상의 자리에서 뿜어낼 에너지는 얼마나 따뜻할까.

파면 선고를 한 시간 앞둔 오전 10시 무렵, 광장에 모인 시민들의 얼굴에는 긴장이 역력했다. 나 역시 긴장됐다. 파면이 선고될 것이라는 믿음은 있었지만, 8대 0 전원 일치 결정을 쉽게 기대하기는 조심스러웠다.

그때, 스피커에서 "나갈 때가 됐는데~"라는 음악 한 소절이 울려 퍼졌다. 시민들은 자동반사적으로 외쳤다.

"윤석열 파면!"

현장을 오가며 시민들의 얼굴을 기록하는 동안, 마음속에 스며들던 불안과 부정적인 생각들은 조금씩 사라져 갔다. 광장의 에너지가, 나를 다시 단단하게 붙잡고 있었다.

광장에서는 다양한 코스튬 플레이를 봤지만, 그중에서도 유난히 복합적인 감정을 불러일으키는 인형 하나가 눈에 들어왔다. 강렬하면서도 우습고, 또 한편으로는 분노를 자아내는 인형. 바로 '윤석열 인형'이었다.

머리가 희끗한 한 시민은 광장에 흐르는 음악에 맞춰 춤추는 윤석열 인형을 장난스럽게 꿀밤을 선물했다.

20250404 선고 전, 춤추는 인형

　3월 14일, 영화인 시국선언 현장에서 뵈었던 정윤철 감독을 다시 만났다. 그는 직접 현장을 기록하고 있었고, 카메라 감독에게 지시를 내리는 모습이 인상적이었다. 그 장면을 바라보며 문득 이런 생각이 들었다.

　언젠가는 나 역시, 1인 미디어가 아닌, 현장을 함께 느끼고 공유할 수 있는 카메라 감독과 나란히 서서 기록을 남기고 싶다고. 지금은 혼자이지만, 그런 날도 언젠가는 오지 않을까. 그날이 오기 전까지, 나는 나만의 방식으로 계속해서 기록할 것이다.

광장에서 흐르던 음악이 멈췄다. 전광판에는 문형배 헌법 재판관의 얼굴이 비쳤다. 광장에 모인 시민들은 일제히 숨을 죽였다. 불과 몇 분 전까지만 해도 응원봉을 흔들며 들떠 있던 앳된 청소년들의 얼굴마저, 어느새 진지함과 긴장감이 그대로 드러나 있었다.

"지금부터 선고를 시작하겠습니다."

그 순간, 내 카메라는 심하게 흔들리기 시작했다. 시민들 사이에 서 있었기에, 시야를 가릴까 봐 차마 일어설 수도 없었다. 이미 발 디딜 틈 없이 들어찬 광장에서, 자리에서 이동하는 것 자체가 불가능한 상황이었다.

간절한 마음으로 문형배 재판관의 선고를 듣는 모습은 깊은 인상을 남겼다.

"이 사건 계엄이 해제되었다고 하더라도, 이 사건 계엄으로 인하여 이 사건 탄핵 사유는 이미 발생하였으므로 심판의 이익이 부정된다고 볼 수 없습니다."

문형배 재판관의 한 문장이 끝날 때마다, 광장에서는 박수와 환호가 터져 나왔다. 어떤 이들은 환호를 참고, 두 손을 모은 채 눈을 감고 기도를 이어갔다.

　광장에 모인 시민들은 각자 휴대전화를 들고 헌법재판소
의 선고 장면을 영상과 사진으로 기록하고 있었다.

　'모든 시민이 언론이다!'

　이 말은 결코 틀린 말이 아니다.

　모든 역사는 시민의 기록에서 시작되고, 시민의 기록으
로 기억된다.

휴대전화로 현장을 라이브로 송출하던 한 시민은, 헌법 재판관의 선고를 들으며 주먹을 불끈 쥐고 손을 힘차게 흔들었다.

"피청구인의 법 위반 행위가 헌법 질서에 미친 부정적 영향과 파급효과가 중대하므로 피청구인을 파면함으로써 얻는 헌법 수호의 이익이 대통령 파면에 따르는 국가적 손실을 압도할 정도로 크다고 인정됩니다."

이 문장을 듣는 순간, 머리 뒤쪽으로 소름이 돋았다. 그것은 정확히 2017년 3월 10일 아침, 광화문 광장에서 이정미 재판관의 선고를 들었던 그 내용과 일치했다.

나도 모르게 짧은 탄성이 튀어나왔다.

"으악!"

그 순간, 시간은 겹쳐졌고, 광장은 다시 한 번 역사가 되는 자리였다.

"이에 재판관 전원의 일치된 의견으로 주문을 선고합니다!"

내 예상이 어긋난 순간이었다. 소수의 반대 의견이 있을 것이라 생각했기 때문이다. 광장은 이미 뜨겁게 달아올랐다.

"탄핵 사건이므로 선고 시간을 확인하겠습니다. 지금 시각은 오전 11시 22분입니다."

내 카메라는 이미 말을 듣지 않았다. 초점은 흐트러지고, 손은 떨렸다. 나는 여전히 아마추어다.

"주문! 피청구인 대통령 윤석열을 파면한다!"

이 짧은 한 문장을 듣기 위해, 광장에서 얼마나 많은 시민들이 숨을 죽이고 기다렸던가. 지금 이 글을 쓰는 순간에도 눈물이 흐른다. 광장의 시민들은 온몸으로 환호했다. 서로를 끌어안고 울었고, 두 손을 들어 올리며 만세를 외쳤다.

나는 흐르는 눈물을 닦을 새도 없이 정신을 차리고, 다시 카메라를 들었다. 그 순간을, 그 역사를, 기록하기 위해서였다.

시민들은 서로의 어깨에 손을 얹기 시작했다. 마치 기차 놀이처럼 길게 이어진 행렬이 만들어졌다. 공중에 휘날리는 수많은 깃발 아래로 시민들은 가볍게 걸었다. 웃고, 외치고, 리듬에 맞춰 몸을 흔들며, 발걸음 하나하나에 흥분과 해방감이 묻어났다.

광장에서 처음 만난 사이였지만, 그 순간만큼은 오래된 동지처럼 서로의 어깨와 등을 기꺼이 내어주었다. 계엄의 공포와 내란 수괴의 파면을 기다리던 시간이 주마등처럼 스쳐 지나갔고, 시민들의 얼굴에는 새로운 대한민국을 향한 기대가 또렷이 떠올랐다.

12.3 계엄 막은 대한민국 국민

노벨평화상 후보 추천

12월 7일부터 4월 4일 파면의 순간까지, 나는 그 어느 때 보다 뜨거운 열정으로 현장을 발로 뛰며 기록했다. 그러나 그 기록이 한 권의 책으로 남게 되리라고는 한 번도 상상하 지 못했다.

2026년 2월 중순, 12·3 계엄을 막아낸 대한민국 시민들 이 노벨평화상 후보로 추천되었다는 소식을 들었을 때 나 는 비로소 깨달았다. 내가 기록한 것은 단순한 영상과 메모 가 아니라, 민주주의를 지키고자 했던 고귀한 시민들의 시간 이었다는 사실을. 그 깨달음은 나에게 깊은 자부심으로 다 가왔다.

사실 처음의 의도는 단순했다. 광장의 현장을 블로그와 유튜브에 기록으로 남기자는 것이었다. 그러나 광장을 오가 며 시간이 쌓일수록 내 마음속 목표도 함께 자라났다. 언젠 가는 이 기록을 다큐멘터리로 완성하고 싶다는 바람이 생겼 다. 하지만 나는 거대한 시사적 서사를 감당할 만큼 준비된 연출자는 아니었다. 그래서 방향을 틀었다. 예술가들의 목소리를 통해 이 시대를 기록하는 방식이라면, 내가 할 수 있는 최선이라고 생각했다.

그렇게 음악 예술가들을 인터뷰했고, 그 기록을 제천국제음악영화제에 출품했다. 그러나 안타깝게도 영화제의 초청을 받지는 못했다. 그리하여 이 작업은 여전히 미완의 기록으로 남아 있다.

공출판사 공가희 대표의 제안으로 『어떤, 광장』을 집필하게 되었고, 그 과정에서 현장에서 만난 예술가들의 목소리도 함께 담고 싶었다. 다만 이 책에 모두 담지 못한 예술가들의 말들은 에필로그에서 간략히 정리해 전하고자 한다.

청계천 8가는 어느 나라에나 있다
— 민중가수 손현숙

현장을 기록하는 과정에서 나는 손현숙을 만났다. 청계천 8가의 가수로 알려진 그는 스스로를 주저 없이 민중가수라고 말했다.

'희망은 힘이 쎄다.' 버스킹이 처음 기획되었을 때만 해도 시민들을 위로하기 위한 자리였다. 그러나 시간이 흐르면서 그의 위로는 어느 순간 울분으로 바뀌었다고 했다.

거리에서 노래하는 일은 결코 낭만적이지 않았다. 영하의 날씨에 기타 줄을 튕겨야 했고, 열악한 장비로 광장을 지켜야 했다. 무심히 지나가는 시민들의 발걸음 속에서 그는 몇 번이고 마음을 다잡아야 했다. 그럼에도 그는 "버스킹은 스며드는 일"이라고 말했다. 보이지 않는 곳에서 누군가 듣고 있으리라 믿는 것, 그것이 거리에서 노래하는 사람이 가져야 할 태도라고 했다.

그가 자주 부르는 「청계천 8가」 역시 특정한 공간만을 노래하는 곡은 아니었다. 해외에서 10년을 살다 돌아온 그는 청계천의 풍경이 베이징에도, 자카르타에도 존재한다는 사실을 깨달았다고 했다. 그는 열악한 환경 속에서도 묵묵히 살아가는 사람들 곁에 노래가 머물러야 한다고 믿었다.

세월호 기억공간을 지키기 위해 노래로 연대해 온 그는 세월호를 떠올리면 '부채 의식'보다 먼저 '부끄러움'이 떠오른다고 말했다. 어른으로서, 시민으로서 지켜주지 못했던 시간에 대한 부끄러움이었다. 그래서 그는 눈이 오나 비가 오나 기억관 앞에서 노래하는 일을 멈추지 않았다. 욕설을 듣는 날도 있었고, 말없이 음료수를 두고 가는 시민도 있었다. 그 모든 장면이 한국 사회의 단면처럼 스쳐 지나갔다.

광장에서 응원봉을 든 젊은 세대를 처음 보았을 때 그는 잠시 당혹스러웠다고 했다. 그러나 곧 이해하게 되었다고 말했다. 서로 다른 팬덤의 상징을 들고나온 청년들이 광장에서 마음을 모으는 장면은 또 다른 민주주의의 학습이었다고.

"우리는 늘 젊은 세대를 걱정했지만, 그들은 그들만의 방식으로 저항하고 있었습니다."

노래의 힘에 대해 묻자 그는 잠시 생각하더니 이렇게 답했다. 노래는 사람들을 어떤 순간으로 데려다 놓는 가장 강력한 예술이라고. 그리고 위로의 노래보다 인식과 책임을 불러일으키는 노래를 더 오래 부르고 싶다고 했다.

광장에서, 때로는 광장을 지나가는 거리에서 울려 퍼진 그의 노래는 단순한 멜로디가 아니었다. 그것은 시민들의 마음에 스며드는 위로이자, 노래로 건네는 조용한 동행이었다.

노래는 위로가 아니라 책임입니다
— 문화 노동자 안계섭

나는 손현숙이라는 다리를 건너 안계섭을 만났다. 그는 자신을 '가수'라 부르는 대신 '문화노동자'라고 소개했다. 노래하는 행위가 곧 삶을 일구는 노동이라는 그의 말은, 그가 걸어온 길만큼이나 투박하고도 명확했다.

마로니에공원에서 시작된 세월호 기억문화제는 어느덧 십 년의 나이테를 넘겼다. 매주 토요일 저녁, 노란 리본을 나누고 노래를 부르는 그 지독하게 단순한 반복의 시간. 그는 그것을 거창한 투쟁이라 포장하지 않았다. 그저 담담하게 이렇게 말했다.

"가장 중요한 것은 멈추지 않는 것입니다."

처음 그를 광장으로 이끈 것은 살아남은 자의 '부채감'이었으나, 시간이 흐르면서 그것은 당사자로서의 '책임감'으로 바뀌어 갔다. 그에게 참사는 우연한 사고가 아니라 구조적인 결함이었고, 세월호는 단순한 해상의 침몰이 아니라 인간의 안전을 대하는 국가의 태도를 묻는 엄중한 질문이었다. 그의 목소리는 4월의 바다에서 10월의 이태원으로, 그리고 매일의 노동 현장으로 파동처럼 확장되었다.

노래의 힘에 대해 묻자 그는 잠시 침묵하다가 입을 열었다. 노래는 사람을 특정한 순간으로 데려다 놓는 가장 빠른 예술이지만, 그에게 노래는 그저 슬픔을 어루만지는 데 그치지 않고, 우리가 무엇을 잊지 말아야 하는지를 깨우는 서늘한 환기라는 것이다.

광장에서 그는 때로 분노했고, 때로는 젊은 세대가 들고 나온 응원봉을 보며 미소 지었다. "민주주의는 매일 학습되는 것"이라는 그의 말은 내 마음속에 깊은 자국을 남겼다. 세대는 달랐지만, 광장은 서로의 아픔을 배우고 연대하는 거대한 강의실이었다.

그를 통해 깨닫는다. 노래는 멜로디가 아니라 태도이며, 기억은 멈추지 않는 사람들의 발걸음에 의해 비로소 완성된다는 것을. 그는 오늘도 서울시의회 앞에서 기억의 공간 존치 약속을 위해, 주말이면 마로니에 공원 앞에서 세월호 참사의 아픔을 기억하는 노란 리본을 건네며 노래로 말하고 있다.

"희망은 힘이 쎄다"를 기획한 예술가
— 이씬

광장의 버스킹 '희망은 힘이 쎄다'는 우연히 시작된 공연이 아니었다. 계엄 선포 직후, 예술계 내부에서는 이미 퇴진 예술 행동을 논의하고 있었다. 준비되지 않았다면 그렇게 빠르게 움직일 수 없었을 것이다. 그는 그 과정을 담담히 설명했다.

"시민들의 일상 곁에서 음악을 나누고 싶었습니다."

버스킹은 세종문화회관 뒤편, 점심시간 한 시간 동안 열렸다. 전기조차 안정적으로 공급되지 않는 상황에서 건전지 앰프로 시작했다. 발전기를 준비하고, 장비를 보완하며 62회까지 이어졌다. 처음엔 뜬금없다는 표정으로 지나치던 시민들이, 어느 날은 삼삼오오 모여 한참을 머물기도 했고, 노래하는 예술가를 그림으로 옮기는 시민도 있었다. 누군가는 불편하다고 항의했고, 누군가는 조용히 곁에 머물며 박수를 쳤다. 그는 그 모든 반응을 '광장의 온도'라고 표현했다.

"정치적 메시지는 넘쳐났어요. 그래서 오히려 덜어내고 싶었습니다."

그의 말이 오래도록 마음에 남았다. 예술은 주장보다 태도에 가깝다고 했다. 거창한 구호보다 사람들은 자기 삶이 담긴 이야기에 더 오래 머문다고. 그래서 그는 예술을 '정서적 교감'이라고 설명했다. 작품이 완성되는 순간이 아니라, 그것을 바라보는 사람과 만나 뒤엉킬 때 비로소 예술이 된다고.

그는 광장에서 가장 예술적인 장면으로 다양한 깃발들을 꼽았다. 개인이 직접 만든 깃발들이 눈과 비를 맞으며 흔들리는 모습이 하나의 거대한 화폭처럼 느껴졌다고 했다. 그 장면 자체가 하나의 예술적 카타르시스였다고 그는 말했다.

노래의 힘에 대해 묻자 그는 이렇게 말했다. 노래는 일기장을 꺼내 보여주는 일이라고. 누군가의 일기와 나의 일기가 맞닿을 때, 그 사이에서 교감이 생긴다고.

그는 늘 현장에 있었다. "누군가가 하겠지"가 아니라 "나는 무엇을 할 것인가"를 먼저 묻는 사람이었다. 그리고 노래란 사람을 설득하기보다, 사람 곁에 언제나 함께하는 것이다.

분노를 흥으로,
공포를 환희로 바꾸는 것이 우리 노래의 숙명입니다
– 가수 백자

가수 백자에게 2024년 12월의 밤은 죽음의 그림자와 승리의 축제가 교차하던 기적 같은 시간이었다. 계엄령이 선포

직후, "이 노래가 마지막이 될지도 모른다"는 절박함으로 국회 앞에 섰던 그는, 단 하룻밤 만에 군화 소리 대신 시민들의 노래가 국회 앞마당을 가득 채우는 장면을 목격했다.

시민들은 군인들이 점령하려 했던 그 서늘한 공간을 단숨에 해방구로 만들었다. 백자는 국회 본청 계단에 앉아 시민들과 함께 파도타기를 하며 노래했던 순간을 평생 잊지 못할 '환희'로 기억한다.

세계의 이목을 끌었던 '은박 담요(키세스)'의 물결과 형형색색의 응원봉 사이에서, 그는 200여 곡이 넘는 풍자곡으로 시민들의 막힌 가슴을 뚫어주었다. 님과 함께를 '촛불 함께'로, 캐럴을 '탄핵이 답이다'로 바꿔 부르며 분노로 숨 막힐 듯했던 광장에 흥을 불어넣었다. 한(恨)을 흥으로 승화시키는 것, 그것이 백자가 믿는 예술의 저력이었다.

그러나 그 뜨거운 기쁨의 이면에는 가장 낮은 곳에서 헌신했던 이름 없는 파수꾼, 故 조일권이 있었다. 암 투병 중에도 광장의 차가운 바닥에서 쓰레기를 줍던 자원봉사자 조일권. 백자는 그가 세상을 떠나기 직전 보내온 시에 선율을 입혀 「조일권의 노래」를 완성했다. 촛불행동 시민들은 집회 시작 전 이 노래를 부르며, 코피를 닦아가며 현장을 지켰던 그

평범하고도 위대한 이웃을 기억한다.

백자에게 노래는 시대의 슬픔을 위로하는 도구이자, 불의에 맞서는 가장 즐겁고 단단한 무기다. 그는 오늘도 노래한다. 광장의 흥이 곧 민주주의의 기세이며, 그 기세가 멈추지 않는 한 우리는 절대 패배하지 않는다는 믿음으로.

연탄 한 장의 온기로 지키는 민주주의
— 가수 이광석

가수 이광석은 11년 전 소녀상 앞에서도, 국정원 댓글 사건을 비판하며 광화문 거리에서도, 세월호 참사를 기억하는 예술가로서 늘 노래하고 있었다. 그에게 광장은 노래로 싸우고 국민은 주권으로 싸우며 '사람이 주인 되는 세상'을 함께 그려가는 거대한 도화지였다.

그는 광장을 가득 메운 응원봉의 물결을 보며 '아름다운 무기'를 떠올렸다. 청년들이 각자 가장 소중히 여기는 것을 들고나와 세상을 바꾸려 하는 모습에서 그는 희망을 보았다. "민주주의는 매일 학습되는 것"이라던 안계섭의 말처럼,

이광석에게도 광장은 서로의 문화를 배우고 다독이는 소통의 장이었다.

특히 그가 부른 노래 「연탄」은 광장의 차가운 공기를 따뜻함으로 채우는 마법 같은 힘이 있었다. 돈과 권력으로 갈라진 공동체를 연탄 한 장의 뜨거움으로 다시 이어 붙이려는 간절함. 그는 길 위에서 밤을 새우는 이들의 눈빛에서 그 간절함을 읽었다. 그것은 거대한 목표라기보다, 내 곁의 소중한 사람과 아이들의 미래가 망가지지 않기를 바라는 지극히 평범하고도 숭고한 사랑이었다.

"노래는 작곡가가 아니라, 현장에 모인 사람들의 마음속에서 만들어집니다."

그의 말처럼 노래는 광장의 파수꾼들이 서로의 의지를 확인하는 선율이 되었다. 노래를 통해 사람을 부르고, 그 노래를 다시 사람의 온기로 채우는 과정.

이광석은 오늘도 노래로 말한다. 파면 이후 우리가 맞이할 세상은 상식이 제자리로 돌아오는 세상, 독립운동가들이 꿈꿨던 '백성이 하늘인 세상'이어야 한다고. 그의 노래는 그 세상을 앞당기는 가장 따뜻하고 단단한 파수꾼의 외침으로 광장에 울려 퍼지고 있다.

가면 뒤에 숨겨진 진짜 영웅의 얼굴

"내가 영웅 복장을 한 이유는,

당신이 영웅이라는 것을 알려주기 위해서입니다."

— 광장의 배트맨(빵샘)

영하의 강추위 속에서도 흐트러짐 없이 '각'을 잡고 서 있던 검은 망토의 사나이. 사람들은 그를 배트맨이라 불렀지만, 그는 자신을 영웅이라 생각한 적이 단 한 번도 없다. 가면 속 빵샘(사람들이 부른 별명)이 들고 있던 깃발에는 '박근혜를 탄핵시켜 본 사람들'이라는 문구가 선명했다. 그가 배트맨 슈트를 입기 시작한 건 세월호 참사 이후였다. 슬픔에 잠겨 울기만 하던 무기력함을 털어내고 '뭐라도 해야겠다'는 마음으로 광장에 섰다. 아이들에게는 집회가 즐거운 축제이길 바랐고, 어른들에게는 잠시나마 웃음을 주고 싶었다. 사람들이 그에게 환호할 때마다 그는 말없이 손가락으로 시민들을 가리켰다.

"내가 영웅이 아니라, 이 추위를 뚫고 나온 당신이 영웅이다."라는 무언의 헌사였다.

그는 이번 광장에서 20~30대 여성들이 보여준 발랄한 혁명에 큰 영감을 받았다. 응원봉을 흔들며 축제처럼 집회를 즐기는 그들의 모습에서, 그는 지치지 않고 오래 싸울 수 있는 민주주의의 새로운 가능성을 보았다. 분노만으로는 장기전을 버틸 수 없기에, 그는 땀이 비 오듯 쏟아지는 가면을 쓰고서도 시민들의 즐거운 파수꾼이 되기를 자처했다.

"정권이 바뀌는 것만으로 끝난 게 아닙니다. 내란은 종식되지 않았습니다."

배트맨은 경고한다. 이번에는 과거처럼 서둘러 촛불을 끄지 말자고, 입법과 사법을 포함한 사회 전반의 대개혁이 이루어질 때까지 깨어있자고 말이다. 가면을 벗은 그의 얼굴에는 땀방울과 함께 주권자로서의 단단한 자부심이 맺혀 있었다.

예술가는 남들이 가지 않는 길을 가는 혁명가입니다
그날 광장의 모든 시민이 예술가였습니다
— 서울민예총 이사장 고경일 시사만화가

서울민예총 이사장 고경일에게 예술은 우아한 갤러리에 박제된 채 갇혀 있는 것이 아니다. 그에게 예술은 낮과 밤, 눈과 비를 가리지 않고 광장 가장 낮은 곳에서 시민들과 함께 소리를 지르고 춤추는 '혁명' 그 자체다. 그는 이번 탄핵 정국에서 예술가들이 만들어낸 '이상한 공기'가 시민들을 깨어 있게 했다고 믿는다.

그는 시민들의 발랄한 저항을 예술의 관점에서 해석한다. 배트맨 슈트를 입은 시민, 기발한 문구의 깃발, 처음 보는 응원봉의 물결까지. 누군가는 기괴하고 망측하다고 할지 모를 그 모든 행위가 고경일에게는 살아있는 예술이다.

"어색함을 통해 현실을 자각하게 만드는 것."

그것이 예술의 본질이라면, 그날 광장에 모인 시민 한 명 한 명은 이미 위대한 예술가이자 혁명가였다.

예술은 강요하지 않는다. 대신 진정성이라는 윤활유로 서로 다른 수만 명의 마음을 끈끈하게 엮어낸다. 한남동의 눈 내리는 밤, 은박 담요를 뒤집어쓰고 자리를 지키던 시민들 곁에서 예술가들은 노래하고 춤추며 그들의 진심을 지지했다. 그 진정성이야말로 시민들이 흩어지지 않고 끝까지 한목소리를 낼 수 있었던 힘이었다.

그러나 고경일은 승리의 환희 너머를 응시한다.

"권력은 지지하되 믿지는 마십시오."

그는 단호하게 말한다. 대통령 한 사람이 바뀌었다고 세상이 절로 좋아지지 않는다는 것을 우리는 역사를 통해 배웠다. 권력자가 제 역할을 다하고 떠날 수 있도록 끊임없이 감시하고 견인하는 것, 그것이 광장에서 예술가와 시민이 함께 배운 '민주주의의 기술'이다. 그의 예술 정신은 이제 파면 이후의 세상을 향해 다시금 날카로운 붓끝을 겨누고 있다.

촛불의 시대를 넘어, 응원봉의 혁명으로

"우리는 분노를 비장함이 아닌,

승리의 확신으로 표현하기 시작했습니다."

— 한국민예총 연대 사업국장 김지호

서울민예총 사무처장 김지호는 광장의 풍경을 바꾸기로 결심한 설계자였다. 그는 12월의 그 추운 밤, 어둡고 칙칙한 행진 대신 빛나고 흥겨운 행진을 꿈꿨다. 야구장의 구호를 가져오고, 행진차에 화려한 전등을 달았다. 운동권만의 집회가 아닌, 거리에 선 모든 시민이 주인공이 되는 '시민 친화적' 무대를 만드는 것이 그의 목표였다.

그 변화의 정점은 12월 7일 여의도에서 폭발했다. 탄핵안이 상정된 긴박한 순간, 광장의 주인은 어느덧 바뀌어 있었다. 낡은 종이컵 속의 촛불 대신, 청년들이 애지중지하던 형형색색의 아이돌 응원봉들이 바다를 이루었다.

탄핵안 부결이라는 충격적인 소식이 들려왔을 때, 나를 비롯한 많은 이들은 혼란에 빠졌다. 하지만 김지호는 주저 없이 「다시 만난 세계」를 틀었다. 그 순간, 비장한 구호는 발랄한 율동으로 바뀌었고, 분노의 눈물은 승리의 확신이 담긴 떼창으로 변모했다. 기성세대가 결과에 좌절할 때, 청년들은 자신들이 만들어낸 연대의 힘을 확인하며 축제를 벌였다.

"이 싸움은 이미 이겼다."

그들의 밝은 표정은 기성세대에게도 전염되어 거대한 승리의 출발점이 되었다. 김지호 처장은 그날 밤을 '터닝 포인트'라 말한다. 정형화된 형식을 깨고 예술이라는 윤활유를 통해 모든 세대가 하나로 엮인 순간. 그의 전략과 시민들의 자발성이 만난 광장은 이제 더 이상 슬픈 투쟁의 현장이 아니었다. 그것은 상식이 승리할 것임을 미리 축하하는 가장 아름답고 눈부신 '꺼지지 않는 불빛'의 혁명이었다.

30초의 울림이 만든 122일의 기적

"예술은 잠시 스쳐 지나가는 30초의 울림으로

시민의 일상을 지키는 힘입니다."

— 한국민예총 사무총장 강욱천

122일간의 긴 싸움 속에서, 광화문 광장 한편에는 늘 〈희망은 힘이 쎄다〉라는 글귀가 적힌 작은 무대가 있었다. 한국민예총 강욱천 사무총장이 기획한 이 버스킹은 계엄이라는 난생처음 겪는 공포에 당혹해하던 2030 직장인들을 위한 '예술적 방공호'였다. 그는 비장한 투쟁가 대신 다채로운 선율과 이미지를 광장에 풀어놓았다.

강욱천에게 예술의 힘은 '스며듦'에 있다. 갈 길 바쁜 시민들이 발걸음을 멈추는 찰나의 시간. 그 30초의 감동이 쌓여 시민들은 자발적으로 예술가의 조력자가 되어주었고, 62회라는 기적 같은 공연 횟수를 만들어냈다. 예술가들은 무대 위가 아니라 시민들의 틈 사이에서 함께 숨 쉬고, 함께 눈을 맞추며 예술로 연대하는 시간을 이어갔다.

2025년 4월 4일 오전 11시 22분. "피청구인 대통령 윤석열을 파면한다"는 선고가 내려진 순간, 광장은 거대한 울음과 웃음이 뒤섞인 난장이 되었다. 붓끝에서 승리의 문구가 휘날리고, 예술 카페에서는 기쁨의 음식이 나뉘었다. 강욱천은 그날의 벅참을 "가슴이 주체할 수 없이 뜨거웠던 순간"이라 기억한다.

이제 그는 다시 일상을 이야기한다. 파면 이후 우리가 맞이할 세상은 특별한 무언가가 있는 곳이 아니다. 그저 마음 편히 차를 마시고, 상식이 통하는 거리를 걷는 평범한 일상의 회복이다. 그 소중한 일상을 지키기 위해 예술은 오늘도 낮은 곳에서 희망의 힘을 노래하고 있다.

꼴찌PD가 기록한,

1등보다 빛나는 노벨평화상 후보 대한민국 시민들의 승리

"인생에 꼴찌는 없습니다.

다만 우리에겐 각자만의 속도가 있을 뿐입니다."

학창 시절, 내 이름 옆에 붙은 '꼴찌'라는 석차는 때때로 나를 위축시켰습니다. 하지만 돌이켜보니 그것은 단지 성적이라는 잣대가 매긴 학창 시절의 기록일 뿐이었습니다.

광장에서 구석구석 발로 뛰며 기록한 100여 일의 시간은 나에게 가르쳐주었습니다. 진실을 기록하는 데는 성적표가 필요 없으며, 조금 느릴지언정 멈추지 않는 걸음이 결국 역사의 한 페이지라는 사실을 말입니다.

공황장애로 차마 광장에 나서지 못해 내 기록에 감사하다며 후원금을 보내주신 이광아 님, 현장을 더 열심히 누비라며 운동화를 선물하신 마을 주민 변영애 님, 그리고 도서 출간을 주저하는 내게 집필을 권하며 용기를 북돋아 준 소설가이자 친구 김서령 작가님. 이분들의 응원이 없었다면 '변방의 1인 미디어'인 나의 기록은 한낱 파편으로 흩어졌을지도 모릅니다.

무엇보다 나의 뷰파인더 너머에서 기꺼이 속마음을 들려

주신 모든 시민과 예술가 여러분께 고개를 숙입니다. 그리고 한없이 부족한 아버지이자 남편인 나를 오롯이 이해하고 지켜봐 준 사랑하는 나의 가족들. 당신들은 내가 기록을 멈추지 않아야 할 가장 큰 이유입니다.

나는 앞으로도 기록하는 일에 게을리하지 않을 것입니다. 이제 내 기록을 공유할 소중한 독자들이 생겼기 때문입니다. 우리의 상식이 공기처럼 당연해지는 그날까지, 발로 뛰는 현장스케치는 멈추지 않을 것입니다.

마지막으로 부족한 제 글에 감동적인 추천사로 격려해 주신 한국DMZ평화생명동산 정성헌 이사장님, 기본에 충실하라고 늘 따끔한 조언을 아끼지 않으셨던 사수 김종일PD님, 언젠가 술자리에서 '넝마주의'를 말씀하시며, 주류의 시선이 아닌 사이드(Side)에 시선을 두라고 가르쳐 주셨던 대학 은사 전상용 교수님, 광장의 기록에서 시작된 인연이 형제와 남매로 이어진 서울민예총 고경일 이사장님과 손현숙 선배님께 이 글을 빌려 진심으로 감사의 마음을 전합니다.

오늘도 고맙습니다!

어떤, 광장

초판　1쇄 발행 2026년 4월 4일

지은이　　　꼴찌PD

펴낸곳 공출판사 ｜ 편집 공가희
출판등록　2018년 8월 31일(제2018-000019호) ｜ 주소　충남 당진시 면천면 동문1길 8-1
전화　070-8064-0689 ｜ 팩스　0303-3444-7008 ｜ 전자우편　thekongs@naver.com
홈페이지 kongbooks.com ｜ 인스타그램 @kong_books

ISBN　979-11-91169-29-4